池上 彰＋増田ユリヤ
Akira Ikegami & Julia Masuda

コロナ時代の経済危機

世界恐慌、リーマン・ショック、歴史に学ぶ危機の乗り越え方

ポプラ新書
198

はじめに

給付金一〇万円を使いましたか？

増田　二〇二〇年四月に決定された政府が全国民一人あたり一〇万円を支給する特別定額給付金は、市区町村によって早い遅いがありましたが、当初二週間といわれた目安を大幅に越えてやっと銀行口座に振り込まれたという人もいるでしょうね。政府のスピード感のなさには呆れますが、池上さんはどう使いますか？

池上　この一〇万円は、何のために支給されたかを考えると、一刻も早く使おうとしたんですが、しばらく悩みました。

増田　どういうことですか？

池上　新型コロナウイルスの感染拡大で消費活動が落ち込み、経営難に陥っている中小企業や商店、飲食店が多いですよね。この人たちの生活費の支援という性格もありますが、それ以上に、大勢の人にお金を使ってもらって、景気回復に役立てようという目的があります。そこで、景気回復に役立てるように一〇万円で買い物をしようと思ったのですが、その一方で、ちょうど「国境なき医師団」から新型コロナウイルスによって悲惨な状況になっている途上国の患者を治療している報告書が届いたんです。結局、一〇万円にさらに追加した金額を、この団体に寄付してしまいました。消費か寄付かと悩んだんです。増田さんは、どうしますか?

増田　激しい景気の落ち込みをなんとか食い止めようという試みの一つですよね。少し前は緊急事態宣言で外出もままならず、買い物ができなかったので、「買い物に来てください」という悲鳴のようなお知らせをくださっている人のところに行こうかなとも思っているんです。

生活が苦しくなっている人にとっては〝わずか一〇万円〟かもしれませんが、

危機に瀕した今、買い物をするとはどういう意味があるのか、考えさせられますね。そもそも一〇万円は政府が赤字国債を発行して支給するものですから。

池上　それを考えると、一〇万円って、私たちの〝前借り〟ではないかと思うんです。赤字国債を発行するということは、国の借金ですから、いずれ私たちが増税などの方法で返済することになります。将来は返さなければならないお金を今手に入れるということは、要するに前借りですよね。

増田　そう考えると、無駄遣いはできませんね。とはいえ、将来に備えて預金するという行動を取ったら景気対策になりませんし。

池上　景気対策だけを考えたら、無駄遣いしてもいいんですが。

増田　そうもいかないからこそ、一〇万円が生きる使い方を考えたいです。

景気はこれから一段と悪化へ

増田　このところのニュースは、新型コロナウイルス以外は、景気の落ち込みのことばかりという印象です。二〇二〇年初頭には、「今年は東京オリンピックとパラリンピックが開催され、世界中から大勢の人たちがやって来るから、経済には大きなプラスになる」と期待していた人も多かったでしょう。それが、オリンピックは延期になるし、世界からお客は来なくなるし、悪い話ばかりです。

池上 「読売新聞」が、全国の政令指定都市二〇市と東京二三区で二〇二〇年一月から四月までの生活保護の新規申請数を調べたところ、計九六八〇件で、前年同月比で三一％増えたと伝えています。「休業や自粛による収入減で生活困窮に追い込まれている人が増えた」とみられると書いてあります。

さらに大阪市の担当者は「近年でこれだけの増え方はない。社会・経済活動の自粛で、厳しい状況に追い込まれている人がいる」と記者に語っています（五月三一日）。

増田 緊急事態宣言は解除されても、元に戻るには時間がかかるでしょうから、生活保護の申請者は、まだまだ増えるでしょうね。

医療従事者も追い詰められる

池上　「朝日新聞」は五月三一日、新型コロナウイルスの感染拡大で、医療や介護の働き手の待遇が悪化しているという記事を書いています。

「新型コロナウイルスで、医療や介護の働き手の待遇が悪化している。感染対策のコストがかさみ、患者や利用者が減って、経営が揺らいでいるためだ。

　一時金をカットせざるを得ない病院や施設も相次ぐ。国は医療・介護従事者へ最大二〇万円を配る予定だが、減収分を補うのは難しい。一部では雇い止めや、休みを指示する一時帰休などもみられ、雇用をどう守るかも課題だ」

「看護師らの給料や一時金が下がるケースが続出している。日本医療労働組合連合会（医労連）が二八日にまとめた調査では、愛知県の病院が医師を除く職員の夏の一時金を、前年実績の二カ月分から半減させることを検討。神奈川県の病院では夏の一時金カットに加え、定期昇給の見送りや来年三月までの役職手当の二割カットなどを検討しているという」

「大病院のなかには、業務が減っている一部の職員について、一時帰休を検討するところも出てきた。今後予想される『第二波』に向け、医療従事者の雇用の安定が求められる。

背景には、感染拡大前から病院がぎりぎりの経営を強いられ、脆弱《ぜいじゃく》だったことがある。病院の収入は診療報酬制度に基づく。手術や入院などの診療行為ごとに値段（点数）が決められている。国は医療費が膨らみすぎないように点数を抑制してきた」

「介護の分野でも構造は同じ。国が定める介護報酬も抑制されていて、事業者には余裕が少ない。感染対策の費用がかさむ一方で、サービスの利用者が減り経営を圧迫している。

国は診療報酬の上乗せやデイサービスの条件緩和など対策をとろうとしているが、実態の把握は十分ではない。厚労省の医療経営支援課は『病院団体が調べたデータなどを踏まえて経営支援に何ができるか考えていく』という」

増田　医療従事者に感謝しようという運動が起きていますが、精神論だけでなく、本当に支援が必要ですよね。

困っている人はあちこちにいて、大学生もアルバイトが激減して困っている人が多いですね。「大学生はアルバイトばかりして勉強がおろそかになっているのではないか」と思っている大人もいるようですが、実はアルバイトで学費や生活費を稼ぎながら大学に通っている苦学生も多いんです。そんな学生の中には、このままでは学生生活を継続できないと途方に暮れている人もいます。

池上　政府は、全国の金融機関に対して、企業への融資を積極的に進めてほしいと求めています。しかし、無理に融資をすると、いずれ不良債権になってしまって、金融機関自体の経営に悪影響が出る恐れもあります。

増田　地方銀行の約四割は本業での収益が赤字になっているというデータもあります。地域経済を支える地方銀行の経営が傾いたら、地域経済は一段と悪化する恐れもあります。

池上　最近、民放テレビを見ていると、番宣（番組宣伝）が増えていると思いませんか。実は民放テレビの収益源であるＣＭが激減してしまって、仕方なしに自局の番組の宣伝を流しているのです。二〇二〇年五月末の段階で、三割から五割も減ったという話も聞きます。

テレビ各局は感染防止のためにロケもできなくなっていますが、経営それ自体への悪影響も大きいのです。とりわけ地方局の広告収入の落ち込みは深刻で、赤字決算が続出するという見方もあります。

増田　派遣労働者の人たちの立場も不安定ですね。二〇〇八年のリーマン・ショックのときには、いわゆる「派遣切り」が起きて、大勢の派遣労働者が路頭に迷い、「年越し派遣村」が出現しました。これからが心配です。

政府も補正予算を一次、二次と組んで支援に乗り出してはいますが、とにかく遅いの一言に尽きます。

池上　今回はリーマン・ショックより深刻ではないかという声も聞かれますが、最近はリーマン・ショックのことも名前しか知らないという人が増えてきました。そこで、リーマン・ショックとはどんなものだったのか、あるいはオイルショックとは、そして世界恐慌とはどんなものだったのか、この後、説明していきましょう。

私たち人類は、これまでさまざまな経済危機に直面してきました。今回は、感染症による経済危機が起きているわけですが、過去の危機との戦い方を見ることで、反省点や教訓も得られると思うのです。

日本の「未来」がやってきた

増田　今回は緊急事態宣言が出て、在宅勤務に切り替えた人が多かった一方で、「ハンコを押さなければならないので出社せざるを得ない」という人もいて、一体いつの時代の話かと思いました。「まだ昭和だったんだ」という声も聞きます。

池上　公文書や契約書類には押捺《おうなつ》が必要なものが依然として多いですからね。今回の事態で、いずれやってくる「未来」が、突然目前に出現したように思えるんです。

増田　どういう意味ですか？

池上　例えば未来予測で、「在宅勤務がいずれ一般的になるだろう」と言われてきましたが、多くの人はどこかで「まだ先の話だから」と思っていたのではないでしょうか。

増田　それが一挙に在宅勤務を強いられることになった。期せずして「未来」がやってきたというわけですね。

池上　そうなんです。ハンコ文化もなかなかなくならなかった。電子認証のシステムはあったのに進んでいなかったんです。なにせIT担当大臣が、いわゆる「はんこ議員連盟」（正式名称は日本の印章制度・文化を守る議員連盟）の会長ですからね。ハンコ文化は、たしかに日本の伝統文化ですが、ビジネスの世界では効率化の障害になっていると言われてきたのに、改善の気配がなかった。旧態依然としていた。それが一気にIT化に進むきっかけになったんです。

増田　それを言うならFAXもそうですね。新型コロナウイルスの患者が確認された場合、医師は保健所に報告義務があるのですが、それを、A4の報告用紙に手書きで記入し、FAXで送信しなければならなかったんです。今回ようやく問題化し、厚生労働省はメールでの報告を認めることになりました。

池上　この話はアメリカの新聞が面白おかしく書きたてました。「日本、遂にＦＡＸに別れを告げる」という記事です。このネット社会で、いまだにＦＡＸが使われていたことに、先進各国は驚いているんです。

増田　全国の学校が一斉休校になって、勉強が進まなくなった。こういうときこそコンピューターやタブレットを使って遠隔授業ができるだろうと思ったら、それだけの準備ができていない学校がほとんどだったことに驚きました。

池上　学校では「プログラミング教育」を始めることになったので、当然それなりの準備がなされているものと思い込んでいたのですが、甘かったですね。

指導者はどう振る舞うべきか

増田　二〇二〇年四月の緊急事態宣言で、企業に自粛要請をする権限は都道府県知事に委任されました。その結果、各知事の指導力やコミュニケーション力の差があらわになりましたね。

池上　国の方針決定が遅いので、都道府県が先んじて対策を取った例も多いですね。毎日きちんと記者会見を開いて記者からの質問が尽きるまで会見を続けている知事もいます。これだと「逃げていないな」という信頼感につながります。しかし、日々の発表は担当者に任せっぱなしで、滅多に記者会見に出て来ないという人もいます。

増田　安倍首相の「記者会見」は名ばかりで、プロンプターをひたすら読み上げていました。

池上　ちなみにプロンプターは、安倍首相の両側に見える透明なガラス板です。私たちの側から見ると、単なる透明なガラス板ですが、安倍首相側には文章が映し出されています。二枚同時に同じ文章が映し出されるので、右を見たり、左を見たりしても原稿が読めるのです。

増田　でも、ひたすら原稿の文章を読むのに必死という印象を受けてしまいます。国民に語りかけるという姿勢に欠けますね。ドイツのメルケル首相とは大きな違いを感じます。メルケル首相の言葉はなぜ国民の心に届いたのか、後で検証してみましょう。

政府の対策は透明性に欠けている

増田　今回、安倍政権の施策に透明性が欠けているのが、とても気になります。これでは国民の信頼が得られません。例えば、いわゆる「アベノマスク」です。突然マスクの配布が発表されたのですが、しばらくは発注先が明らかになりませんでした。

池上　多額の国民の税金を使うのですから、どこにどれだけ支払うのか、国民に説明する義務があります。それがすぐに公表されないのでは、どこか後ろめたいところがあるのかと疑ってしまいます。

増田　森友学園にしても加計学園にしても桜を見る会の問題にしても、曖昧な説明に終始し、公文書が改竄《かいざん》されてしまうのを見てくると、きっと都合の悪いことがあるに違いないと思ってしまいます。これでは国民が政府を信用できません。政治の指導者の発言が国民から信頼されるかどうかは、日頃の態度で決まってしまいます。

池上　さらに経済産業省の「持続化給付金」の業務の委託先が不明朗であるこ

とも発覚しました。聞いたこともない団体が、国民の税金のうち二〇億円をピンハネしている構図になっています。

増田　信じられないですよね。さらに政府の新型コロナウイルス感染症対策専門家会議の議事録がつくられていなかったという報道には呆れて言葉もありません。

池上　どうも信じられないことが相次いでいます。こうした問題も、これから解説あるいは論じていきましょう。本書が、危機にあたって、どう考えればいいのか、ヒントになれば幸いです。

恐慌の歴史

1927	金融恐慌
1929	世界恐慌
1930	昭和恐慌
1939	第二次世界大戦勃発
1973	オイルショック
1991	バブル崩壊
2008	リーマン・ショック
2020	コロナショック

コロナ時代の経済危機／目次

第5章　危機の時代のリーダーとは――　155

第1章
世界恐慌からコロナショックを考える

コロナショックは世界恐慌以来の危機になるのか

増田　新型コロナウイルスの感染拡大によって世界恐慌並みの不況、リーマン・ショック以来の経済の落ち込みなどと言われることが増えています。

池上　今回の新型コロナウイルスによる経済危機は、人やモノの移動が止まり、消費はもちろんさまざまな経済活動が止まってしまったことによって起こっています。

増田　ですから世界恐慌やリーマン・ショックのときのように金融機関へのダメージより、とにかく暮らしに関わること全般に既に影響が出始めています。

池上　人々の消費などに関わる経済への影響が大きいということですよね。

増田　感染を避けるために人が外へ出たり、活動したりすることを極力抑えているわけですから、経済活動が少なくなるのは当然です。

池上　影響がないものなんてない、といった状況です。だから流行がおさまっても、治療薬やワクチンの開発までは、人の動きはどうしても抑え込まれますから、経済の状況は簡単には回復しないでしょう。

増田　人が動かないんですから、どうしてもそうなります。例えば自動車や航空機のメーカーは売り上げが大きく落ちていますし、観光業なども大打撃を受けています。この状況は今後もしばらく続きそうです。

池上　自動車の販売はとても落ち込んでいます。アメリカでは大手レンタカー会社のハーツが倒産しました。アメリカに取材に行くと、どの空港にもハーツの受付カウンターがあって、お馴染みでしたから、驚きました。航空機メーカーのボーイングも一万六〇〇〇人もの人員削減を発表しています。日本でも全日空と日本航空の両社が採用活動を中止しましたし、タイ国際航空の破綻も報道されました。東南アジアに取材に行くときにはよくお世話になっていた航空会社ですから、これもショックです。

増田　ハワイ好きな日本人にはおなじみの、アメリカの老舗の百貨店ニーマン・マーカスが倒産したり、ウォルマートと並び全米にネットワークを張り巡らしていたJ.C.ペニーも破綻したり。日本でもアパレル企業のレナウンが民事再生法の手続きに入りました。ネット通販の影響を受けて以前から売り上げが落ちていた小売り関係にも大きな影響が出ています。

池上　影響がない企業なんてないんですよね。象徴的だったのは、二〇二〇年四月に起こった史上初の原油のマイナス価格です。

増田　原油一バレル（約一五九リットル）がマイナス三七・六三ドルという値をつけました。マイナスってどういうこと？　と最初は思いました。

池上　原油の先物取引での価格ですね。アメリカ・ニューヨークの商業取引所では、原油の先物取引をしています。先物とは、三か月や六か月先に現物を手に入れる権利の売買です。これは、投資家なら誰でも参加できるので、原油の仕事と関係のない投資家が値上がりで儲けようと先物を大量に買い込んでいたら、価格が暴落してしまったのです。

増田　そんな先物の権利など売ってしまいたいですよね。しかも、五月分に受け渡される原油の取引は四月二一日が締め切り。その前に、原油を手に入れる権利を売ってしまわないと、原油の現物を引き取らなければならない。

　でも、原油を貯蔵するタンクはいっぱいのところが多く、原油の仕事と無関係の投資家は保管場所を探せない。切羽詰まって、「お金をあげるから原油を引き取って」とタンクを持っている専門業者に頼み込む投資家が続出して、マイナスの価格になってしまいました。

池上　それだけ新型コロナウイルスの影響で経済活動がストップして、これまでであればとっくに使ってなくなっていたはずの原油が消費されなくなったということです。その後、マイナスではなくなり、再び価格も戻りつつありますが。

増田　原油が余って価格が低迷するなんて異常事態です。それだけ世界の経済がつながっているということですよね。

池上　そうなんです。サプライチェーンにも大きな影響が出ました。サプライチェーンとは「供給連鎖」、つまり製品が消費者の手元に届くまでの、部品の調達や製品の組み立て、在庫管理、配送、販売など一連の流れのことをいいます。企業は、部品の生産をさまざまな国の工場に発注しています。そこでつくられた部品が、発注した企業に送られるのですが、世界中の多くの企業が中国に部品を発注していたんですね。

増田　中国は「世界の工場」と呼ばれるほど世界中から部品の生産を請け負っていますから、新型コロナウイルスの感染拡大が始まって工場が操業をストップしたため、大変なことになりました。

池上　例えば、自動車や携帯電話をはじめ、一つの製品をつくるための沢山の部品が、いろいろな国の企業や工場でバラバラにつくられるため、一つでも部品がつくれない、輸送が止まってしまった、となると製品そのものがつくれない。そういう事態が新型コロナウイルスの蔓延《まんえん》で起こっています。

増田　私が驚いたのは、温水洗浄便座の部品が入ってこなくなったためにマンションの引き渡しができなくなったことです。

日本が誇る温水洗浄便座の部品は中国で製造されていたんですね。一つでも部品が入ってこないと、温水洗浄便座は完成しません。

池上　今回の事態になるまでは、マンションブームが起きていました。次々にマンションが完成するんだけれど、部品が足りないためにトイレだけが完成しない。まさに「トイレなきマンション」になってしまったので、引き渡しができきなくなったんだよね。

増田　農業でも、例えばヨーロッパでは、ポーランドやルーマニアといった東ヨーロッパからの季節労働者の働きに頼っていた部分があります。それが、今回の新型コロナ感染拡大の影響で、国境が封鎖され自由に移動ができなくなりました。フランスやイタリアの農業は労働力不足になって、農作物をつくれなくなったり、収穫できなくなったりといった事態が起こりました。

池上　日本でもアジアからの技能実習生に農業の現場が頼っていたため、収穫ができず、野菜の値段が上がったよね。

増田　生産現場だけではなく、農作物の輸出入にも問題が出ています。車や船での輸送も制限が設けられている状態では、ものが行き渡らなくなります。さらに今後、それぞれの国が国内での供給を優先すれば、当然、これは農作物に限った話ではありませんけれど、輸入品の価格がどんどん上がって、それに頼ってきた私たちの生活は苦しくなっていくでしょう。

池上　世界貿易の減少という事態は、まさに世界恐慌で起こったことですよね。

教科書だけでは理解しきれない「世界恐慌」

増田　とりわけ今回の新型コロナウイルス拡大による経済への影響は、「世界恐慌の再来」だとか「世界恐慌以来」などと表現されています。では、そもそも世界恐慌とはどういうものだったのか。まずは世界史の教科書で振り返ってみましょう。

池上　授業では、一九二九年の一〇月二四日に株式市場の暴落が起きて大恐慌が始まったと習いますよね。でも、どういう経緯で、どんな事態が起こったのか、よく理解できていないところもあるのではないでしょうか。

増田　高校の「世界史B」の教科書では、「一九二九年一〇月に、ニューヨーク株式市場（ウォール街）での株価の暴落から、アメリカ合衆国は空前の恐慌におそわれた。工業生産の急落、企業の倒産、商業・貿易の不振が一挙にすみ、銀行など金融機関の閉鎖や倒産があいついだ。労働者の四人に一人が失業し、国民の生活水準は大きく低下した」（『詳細世界史B　改訂版』山川出版社、二〇一八年）とあります。

池上　大学受験生向けの「世界史Ｂ」の教科書なので、淡々としている感じですよね。

増田　事実が並べられている感じです。

池上　でも、失業している人が、「労働者の四人に一人」ですから、たいへんな状況であることはわかります。

増田　新型コロナ騒動前のアメリカの失業率は、二〇二〇年二月に三・五％と半世紀ぶりに低い水準でした。ところが感染が拡大していった四月には、一四・七％に達し、五月にはやや改善したとは言うものの見通しはつきにくいです。

池上　失業の理由がすべて新型コロナウイルスによるものだけではないでしょうけれど、ものすごい落ち込み方ですよね。ただ、今より当時のほうが人口が少ないですから、失業者の割合からみると、衝撃は当時の方が大きかったでしょうね。

失業者の数で見ると、一九二九年から三〇年代後半まで続いた世界恐慌でおよそ一三〇〇万の人が失業したのに対して、今回はたった数か月の間に二〇〇〇万人以上が仕事を失った状態になっています。二〇〇八年のリーマン・ショック以降、一〇年かけて回復してきた景気の状況が一気に失われてしまいました。

増田　既に失業者の数では、世界恐慌並みかそれ以上の深刻な状況になっているということですよね。

恐慌前夜、アメリカは「永遠の繁栄」の時代だった

池上　私は「世界史B」より「世界史A」のほうが好きなんです。「世界史B」は受験生向けでレベルが高いんですが、「世界史A」は高校を出たら就職する人が多い高校で採択されています。社会人にとっての教養なら「世界史A」で十分というのが、私の考えです。

では、社会人におすすめの「世界史A」では、どう説明されているでしょう。まず、前提として「一九二〇年代のアメリカでは、共和党政権の下で大企業の

利益を重視した企業減税などの経済政策がとられ、それは鉱工業・農業における必要以上の生産や株式への過剰な投資をもたらした（世界恐慌）」（『明解世界史A』帝国書院、二〇一八年）とあります。要は、アメリカは空前の好景気だったわけですね。

増田　当時は、一九一八年に第一次世界大戦が終わり、世界の経済がようやく復調して安定してきた社会でした。

池上　アメリカは、ヨーロッパと違って本土への被害もありませんでした。その上、ヨーロッパに軍事物資をはじめ、さまざまなものを輸出していて、多大な利益を得ていましたから、戦後、経済復興も早く進みます。

増田　さらにヨーロッパの国々に第一次世界大戦の戦費もたくさん貸していました。その結果、世界経済はアメリカ一人勝ちの状況になります。アメリカの好況の背景にはそういった要因があります。

池上　好況は、アメリカ国内の労働者たちの生活を変えていきます。

増田　女性の社会進出が進んだのもこの時期です。一九二〇年代には、事務労働者の半数以上が女性になります。

池上　労働者が「消費者」として大きな存在になっていくのもこの時期です。高額な買い物を、ローンを組んで借金で購入することに多くの人が罪悪感や違和感を持たないようになっていきます。こうして個人消費が経済を支える一つの側面にもなっていきました。

フォードが開発したベルトコンベア方式で大量生産が可能になった自動車は、価格も大幅に下がり、一般庶民もローンを組んで買えるようになり、普及していきます。そうなると、都心から離れた郊外からでも労働者たちは自動車で通勤ができるようになりました。

増田　郊外の住宅地が開発され、不動産ブームが生まれ、それをまたローンで購入するのです。そして不動産バブルへとつながっていきます。

池上　不動産が投機の対象になったわけですね。こうして一般庶民が働いてお金を得るだけでなく、投資によってお金が得られるといった意識が芽生えていくわけですよね。この結果、株への投資がブームになります。借金をしてまで、株を買う人が出るようになっていきます。

増田　当時のフーバー大統領は、そんなアメリカの状況を、「永遠の繁栄」と言っていました。

池上　しかしそのバブルを発生させた「永遠の繁栄」は、「ある日を境に破裂した。一九二九年一〇月二四日木曜日の株価の下落は恐怖にかられた投資家の間に〝売り〟の嵐を呼び起こし、ニューヨークのウォール街にある証券取引所で株価の大暴落が起こった。世界経済で優位を占めていたアメリカの恐慌はたちまち世界へ広がった（世界恐慌）」（『明解　世界史A』）となってしまうわけです。

増田　これが「暗黒の木曜日」です。

池上　やはりバブルは続きません。当時、のちに息子がジョン・F・ケネディ大統領になる父親ジョセフ・ケネディは、株式投資で大儲けしています。彼は、ウォール街で靴磨きの少年から、株を買っているという話を聞き、ここまで広がってしまった株式投資のブームの終焉《しゅうえん》は近いだろうと考え、持っていた株を高値のうちに売り払い、大儲けしたという逸話が残っています。このエピソードは、実は、つくり話だという説もあるんですが、そういった話が出るほど、当時は株の売買が盛んになっていたんです。

ジョセフ・ケネディはこれで大金持ちになって、息子をアメリカ大統領にするために大金を使えるようになっていくんです。

コラム●アニーとシャネル――世界恐慌の時代を生きた二人の女性

「アニー」といえば、今やミュージカルの代名詞。日本人に最も愛されているブロードウェイミュージカルの一つだろう。とはいえ、アニーのストーリーが世界恐慌を背景としたアメリカ社会だということを知らない人も多いのではないか。

一方、実在の人物であるココ・シャネルは、フランスを代表するデザイナー。年齢こそアニーよりずっと年上であるが、二つの大戦と世界恐慌を体験する中で、女性として自分の人生を実力で切り開いていった。No.5の香水やスーツやバッグなどがあまりに有名で、世界中で彼女のことを知らない人などいないのではないかと思うが、実はアニーと共通する部分がある。

それは、孤児院で育ったということだ。

もちろん、アニーは架空の人物であるが、世界恐慌が起こり、無策だったフーバー大統領を揶揄《やゆ》した「フーバー村」が象徴するように、掘っ立て小屋が立ち並ぶ極貧状態の時代に、両親に会うんだという夢を信じて強く生きる姿が大富豪やルーズベルト大統領の心までをも打つ、というあらすじだ。決して「希望」を忘れないことを教えられたルーズベルト大統領は、アニーのおかげでニューディール政策に取り組むことができた、とされている。誰もがなじみのある劇中歌の「Tomorrow」が、このミュージカルを象徴している。

結核で母親が亡くなり、父親によって姉妹三人一緒に修道院が運営する孤児院に預けられたシャネルは、厳しい日々の生活の中で身につけた裁縫の技術を仕事に生かすところからデザイナーとしての道を切り開いていった。第一次世界大戦中に貴重な労働力として貢献した女性たちは、新しい意識をもつようになり、社会に進出していった。

女性参政権も欧米各国で認められるようになり、女性の地位が向上していった時代である。第一次世界大戦後の物資のない時代に、働く女性たちのためにシャネルが考案したのが、男性の下着に使うジャージー素材の布でつくった動きやすいドレス、工場に働きに行くときに自転車通勤でも困らないショルダーバッグ、短くカットした髪に似合うシンプルな帽子であった。コルセットに長い髪、長い丈のドレスにハイヒールといった、それまでの女性のファッションの常識をことごとく打ち破る新しいスタイルを提案し、世界中の女性に支持されていったのである。まさにファッション革命、新たな発明だ。

一九六八年のパリで学生たちを中心にベトナム戦争反対や社会改革を求めて五月革命がおこり、大騒乱となったとき、八〇代に突入していたにもかかわらず、街中まで出かけていき「若者万歳！」と叫んだとか。八七歳で亡くなる二時間前まで衰えることなく活動していたのだから、まさにあっぱれの人生だ。

どんな危機に直面しても、希望を忘れずに前を向いて精一杯生きる。結局、人生はそれしかない。だから、アニーも、シャネルも、永遠に愛される存在なのだろう。

（増田）

大恐慌が始まった

増田　この「暗黒の木曜日」を発端に、アメリカでは一九三三年までに六〇〇〇余の銀行をはじめ、九万もの企業が倒産して、失業者も大量に発生することになります。こうしてアメリカから不況が世界へと広がり、第二次世界大戦が始まる一九三〇年代の後半まで、世界恐慌は続いていきます。

池上　一九二九年八月にアメリカの中央銀行制度であるＦＲＢ（米連邦準備制度理事会）が公定歩合を引き上げています。つまり金利を引き上げたんですね。

増田　どういう狙いがあったのでしょう。

池上　株式投資がブームになってどんどん株価が上がる状況を抑えようと考えたのです。実体経済とかけ離れた株価になっていて、株が投機の目的になってしまっている状況を落ち着かせようとしたのです。

増田　実体経済って、サラッと池上さんは言いますが、そういう言葉が経済を苦手とする私をさらに経済嫌いにさせる（笑）。要するに、モノやサービスのような実体（実物）があって、それに対する対価を支払うことですよね。お金とモノの交換。だから、実物経済ともいう。一方、株の取引きのような金融経済は、モノを介さずにお金だけが動く。だから、金利によって影響を受けやすいということですか。

池上　ハハッ、その通りでございます。金利を引き上げると、お金を借りる際の利子が増えてしまいます。そうすると、借金して株を買うような人は、お金が返せるだろうかと、少し冷静になりますよね。

増田　それがバブル崩壊につながったわけですか。

池上　ボディーブローのようにきいて、きっかけになったと思います。金利が上がって、お金を借りることに不安を感じれば、株を買う熱も下がるでしょう。そこから、不安心理へとつながって、バブルがはじけたわけです。

増田　不安心理が株価の暴落につながるって、どういうことですか？

池上　みんな、株はこれからも上がり続けるだろうと考えて買ってきた。しかしＦＲＢが公定歩合を上げ、株価の上昇が行き過ぎているというメッセージを出している。確かにこのまま株価が上がり続けるなんてことはないよな、そういう不安な思いを多くの人がもつと、株価が自分が買ったときより高いうちに、または借金を返せる儲けがあるうちに株を売っておこうとなる。それで徐々に、株価が下がる傾向が出始める。その一方で、まだまだ上がると考える人は、株が少し下がったところで買いに出る。

増田　株が上がったからと売る人がいれば、下がったからと買う人もいると。

池上　そうです。それがついに一〇月二三日の午後、大量の売りが始まった。結果、翌日の二四日には、損を増やしたくないと、厖大《ぼうだい》な売り注文が入り、大暴落が起こります。

ここで今、見ておかなければならないのは、バブルがはじけて景気が後退局面に入ったのは確かだけれど、すぐにひどい状況になったわけではないことです。実際、株価は下がったあと、多少持ち直すこともあったのです。しかし最終的に、一九三三年の二月に底値をうつまで、下がり続けるのです。重要なのは、こうして経済が悪化していく際に政府がきちんとした対策をうてるか、メッセージを発していけるかどうかです。それが不安感を取り除き、不況を長引かせないためにも必要だということです。

増田　どういう対策をうって、それをどう国民に説明するかが問題ですよね。

池上　今がんばればこの先の生活がよくなっていく、安定していくという気持ちがもてるような政策が示されれば、厳しい状況をこらえられます。株を買う人も出てきて、株価ももち直すでしょう。

ところが、このときのフーバー大統領は当初、この大暴落の経済状況に介入しません。政府が民間の経済問題に口を出すべきではないというのは、「小さな政府」が望ましいと考えている共和党の大統領のフーバーにとっては当然のことだったのでしょう。

「好景気はすぐそこまできている」と言い続けたフーバー大統領

増田　そうは言っても、フーバー大統領も対策はうちますよね。

池上　彼は、景気は循環するもので、不況のあとには好況へ転換するといった考え方に影響を受けていたようです。政府が介入することで、この自然な循環を妨げてしまうと考えたわけです。だからあまり積極的な対策をうっていたとは言えません。彼は、「好景気はすぐそこまできている」と繰り返し発言しています。

増田　一九三〇年五月には、「いまや最悪の時期は過ぎた。今後の一層の協力により、景気は速やかに回復する」と発言しています。状況が見えていないというか……。

池上　実に主観的な発言ですね。そういえば、今の共和党のトランプ大統領も、「景気は速やかに回復する」と言い続けています。

増田　恐慌で仕事を失った人たちが、仕入れたリンゴをニューヨークの街で売る「リンゴ売り」が流行るような状況なのに……。

池上　一九三〇年の一一月頃、ニューヨークだけで六〇〇〇人ものリンゴ売りがいたといわれています。ところがそれを見たフーバーは、「リンゴ売りが儲かるから、大勢の人がこれまでの仕事を辞めてしまった」と発言したそうです。

増田　呆れた発言ですよね。状況が見えていない、というより、見ようとしていないんですね。失業者への同情からリンゴを買う人も最初はいたそうです。けれど当たり前ですが、徐々に売れ行きは落ちていきます。

池上　毎日リンゴばかり食べるわけにいかないしね。ただ、当時の政策では、不況が悪化するしかないような面もあったんです。当時、アメリカは金本位制をとっていました。

増田　発行する紙幣が、その金額分の金《きん》と交換できる仕組みですね。金という稀少で価値が高いものによってお金の価値を裏づけています。一八一六年にイギリスで金本位制が採用されるまでは、銀を使った銀本位制が主流でしたけれど、銀がわりとたくさん産出されるので、あまりありがたみがない。量の少ない金のほうが貴重なので、金に変化しました。金本位制では、お金を発行する中央銀行は、そのお金と交換できるだけの金を保有していないといけませんでした。

ちなみに現在は、どの国も金を保有しなくともお金を発行しています。これが、管理通貨制度です。

池上　だから今のように不況に陥ったからといって、自由に金融緩和なんてできなかったわけです。
増田　金融緩和！　また、経済用語ですね（苦笑）。金利を低くしてお金を借りやすくする、というのが、一番わかりやすい金融緩和でしょうか。
　ここで言う金融緩和とは、一般の銀行が国から買い入れた国債（国にお金を貸したという証書）を中央銀行である日銀が買い入れる。日銀は買い入れた分（一般銀行に支払った分）のお金を新たに刷って一般の銀行に渡すという方法ですね。そんなことは金本位制の当時はできません。金が中央銀行になければ、お金を刷ることができませんからね。
池上　結局、この金本位制からアメリカが離脱するのは、一九三三年、フランクリン・ルーズベルトが次の大統領になってからでした。

財政均衡主義が不況を悪化させる

池上　あとは、フーバー大統領が財政均衡主義をとったことも不況が長期化した原因の一つです。これは当時の他の多くの国もそうだったのですが、税収に見合った支出しか財政として認めていなかったのです。

増田　不況に陥って税収が減ったら、その減った税収分でしか国の予算が組めないということですよね。

池上　健全といえば健全なのですが、不況のときに健全財政を維持すると、被害が大きくなることがこの経験でよくわかったのです。国債を発行して資金を集め、公共事業を展開することで、雇用を生み、働いてくれた人たちに賃金を払い、その賃金から税金を納めてもらう。こうして国の税収を増やし、お金を得た人たちが消費活動をして、企業も儲かり、企業からも税金を納めてもらう。この税収で国債という国の借金を返す。こういう好循環が可能になったのは、ケインズ経済学の考え方が浸透する、第二次世界大戦のあとのことです。

増田　ケインズ経済学とは、政府が積極的に経済に介入すべきだという考え方ですね。

フーバー大統領はまた、輸入品に高関税をかけて、アメリカの産業を守ろうとしました。それが、一九三〇年に出された、スムート・ホーリー法です。提案した二人の議員の名前を並べて、こう呼ばれています。この対策もかえって経済の悪循環に拍車をかけていきます。

池上 自分の国の経済が悪化したから、国内の産業を守ろうというのは、貿易が経済にどういう影響を与えているかわかっていない人の発想なんだよね。

増田 スムート・ホーリー法では、八九〇品目の商品の関税が引き上げられました。課税対象の商品の関税率は、三九%から五九%に引き上げられます。アメリカの輸入関税の平均税率は四〇%になりました。

池上 当時のアメリカ国内の経済学者が一〇〇〇人以上、この法律に反対だと声明を出しているんです。経済学の世界では、「経済学者が一〇〇人いると一〇一の意見が出てくる」というジョークがあるんです。

増田 経済学者の意見がまとまることはないというブラックジョークですね(笑)。

池上 そうなんです。ところが、このときは多くの経済学者の意見がまとまった。保護貿易は経済にとって何もいいことがないと。しかしこの意見を聞き入れることなく、議会で成立した法案にフーバー大統領も賛成します。

増田　アメリカでは、議会で成立しても、大統領には拒否権がありますから、法案に署名しなければ、法律になりません。

池上　しかし、フーバーは賛成したのです。経済学者たちは、フーバー大統領が拒否権を発動して、廃案にすることを願ったのですけれど、そうはなりませんでした。

増田　保護貿易は経済にとって何もいいことがない、という経済学者の意見はこういうことですよね。スムート・ホーリー法でいえば、四〇%にまで税金を上乗せされた輸入品を誰が買うのか。誰も買いません。いや、そんな高いものは買えないということになりますよね。この場合の主な貿易相手国はヨーロッパということになりますが、イギリスやフランス、ドイツなどからすれば、買ってもらえないなら輸出できない、ということになります。自分たちの商品を買ってもらえないなら、相手の商品にだって高い関税をかけて輸入しないようにするぞ、ということになります。報復関税ですよね。

池上　つい最近のアメリカと中国も同じことをしていましたよね。お互いに高い関税をかけあって譲ろうとしませんでした。

増田　その頃、中国に大豆を輸出していたアメリカの農家に取材に行ったのですが、あまりに関税が高いので輸出できなくなり、手元にある大豆をどこに売ったらいいか、本当に困っていました。

池上　まったく歴史に学んでいないんだよね。結局、世界恐慌の際は、ヨーロッパの国々もアメリカに対して高関税をかけることで対応します。その後は、資源や植民地を持っている「持てる国」のアメリカやイギリス、フランスなどが、それぞれ自分たちの経済圏（ブロック）をつくっていくことになります。これが「ブロック経済」です。

増田　ドルならドル、ポンドならポンドと、同じ通貨を使っている経済圏の範囲の中でだけ、商品の売買、つまり経済活動が行われるということですね。その結果、世界の貿易はさらに縮小することになる。商品を売れる範囲、つまり市場が小さくなるわけですからね。当然、経済は悪化していって、世界恐慌がどんどん広がっていくわけです。それでも「持てる国」は自分たちのブロックの中で経済をどうにか回していきますけれど、資源や植民地を持っていない「持たざる国」は反発を強めていきますよね。

池上　その「持たざる国」がドイツ、イタリア、日本なんだよね。経済が悪化していく中、資源などを求めて近隣諸国へ侵略を始めるわけだ。

増田　それこそが、第二次世界大戦につながるわけですが、今はその歴史をしっかり踏まえ、どうすれば国際的に協調していけるか、検討していかなくてはいけません。

池上　今もコロナ禍によって、各国ともに自分たちの国の経済を守るため、また、マスクや医療品、ワクチンの開発など、自分の国を中心に対策を考えざるを得ないところがあります。どうしても内向きになりがちですが、これからどうやっていくか、ですよね。これを機に、今後の経済や国際協調のあり方をどうするか、模索が始まるでしょうね。

増田　新型コロナウイルスという感染症を前に、人やものの移動は否が応でも制限される。そうした状況の下では、どうしたって自分たちの国で経済や医療など、解決していかなくてはいけない問題が大きくなります。しかし、こんな難しい局面でも、どうやって世界の国々と協力し合い、情報や物資を互いに補い合って乗り越えていくか。大きな課題だと思います。こんなときこそ、新しい発想が求められますよね。

池上　その通りだよね。もちろん、従来通りの世界的なサプライチェーンは、今後も残っていくのだろうけれど、医療品をはじめ、非常時に必要なものは、それぞれの国で備蓄したり、国内で生産したり確保するための生産ラインを残していく、新たにつくろうということになるでしょう。そういうところにコストをかける社会でないと、いざというとき、立ち行かなくなることが今回のコロナ禍でよくわかった。それを教訓として、今後に活かしていくしかないと思います。

増田　感染症だけではありません。大地震や豪雨による被害など、かつて経験したことのない自然災害に見舞われることが確実に増えています。危機的状況に直面したとき、一番害を被《こうむ》るのが社会的な弱者です。そういう人たちにどう手を差し伸べることができるのかも今回の経験で改めて考えていかなくてはいけないと思いました。

池上　結局、社会の歪みがいつも弱い立場にいる人たちを苦しめることになる。そうした事態をできるだけ回避するために何ができるか。それを考えるために、次の章では、ルーズベルト大統領の政策や発言を中心にみていきましょう。

世界恐慌は各国にどのように影響したか

世界恐慌前夜

1920年代のアメリカ

大企業の利益を重視した企業減税 /
生産と株式への過剰な投資

当時のフーバー大統領はこの時代を「永遠の繁栄」と表現

↓

世界恐慌

1929年10月24日　暗黒の木曜日

ニューヨーク証券市場で株価が大暴落 /
6000 余の銀行が倒産 / 労働者の 4 人に 1 人が失業

世界恐慌が起こると、アメリカ資本を頼りに戦後復興していたドイツが打撃をうける
さらにドイツの賠償金をあてにしていたヨーロッパ経済が深刻化

↓

景気回復策

1933年フランクリン・ルーズベルトが大統領就任

恐慌対策（ニューディール政策 / 新規まき直し）
開始 / 金本位制からの離脱

恐慌と各国の動き

1920年代の国際協調がくずれる

1932年　イギリスは英連邦内の貿易優先を決める
計画経済によるソ連の発展
「持てる国」（アメリカ・イギリス・フランス）と
「持たざる国」（ドイツ・イタリア・日本）の対立

第2章

ルーズベルトから学ぶ、危機への対策

ルーズベルトの大統領就任演説

池上　二〇二〇年四月七日、安倍晋三首相は、緊急事態宣言を発令し、記者会見を行いました。そこで「今、私たちが最も恐れるべきは、恐怖それ自体です」と発言しましたね。

増田　フランクリン・ルーズベルトが、一九三三年三月、第三二代アメリカ合衆国大統領に就任したときの就任演説の一節なんですよね。池上さんが、安倍首相の会見直後にすかさずテレビで解説しているのを見ました。

池上　安倍首相本人は、それがルーズベルト大統領の演説の一節だと認識して話しているかどうか、微妙な話し振りでしたけれど。

増田　準備されたものを読み上げているだけという印象がぬぐえないんですよね。もちろん、安倍首相も国民に語りかけようと努力していないわけではないと思うんです。ただ、それがことごとく一般国民の感覚とズレていませんか。

池上　俳優でミュージシャンの星野源さんが、「自粛要請」に応じて家で過ごす時間のために、ユーチューブでコラボレーションを呼びかける動画を公開したときもそうだったよね。

増田　そうなんです。安倍首相は自宅で犬を抱いてくつろいでいる映像をコラボで公開しました。星野さんが「家にいよう」と呼びかけたのを受けて「家にいます」と応えたのでしょう。でも、新型コロナウイルスの感染拡大で困っている人や現場で奮闘している人たちにとって、日本の政治指導者が家で優雅にのんびりしているのを見たらどんな思いになるか。想像力が欠如しているように思えました。

池上　首相も私たちのために頑張ってくれているんだなと思える動画なら、自分も頑張ろうとなるんでしょうけれどね。

ルーズベルトは、前の章で触れたようにフーバー前大統領が積極的な対策をとらず、世界に恐慌が広がり、不況がどんどん長引き、最悪の状況のときに大統領に就任します。安倍首相のスピーチライターとしては、その未曾有《みぞう》の事態の中で大統領になったルーズベルトの演説から引用して、安倍首相も同じように最悪の事態の中、国民のためにさまざまな政策を立てて実行に移そうとしている、と訴えて国民の支持を得ようと考えていたのでしょう。

増田　その後も新型コロナウイルスに関わる記者会見を何度も安倍首相はしていますけれど、今ひとつ、その会見での言葉が心に響いてこないんです。安倍首相自身は、現状をどう考え理解しているのか、なぜその政策を立案したり、国民に協力をお願いしたりしようとしているのか、ドイツのメルケル首相のように、自身の内から湧き出る言葉で語りかけてほしいんですよね。とはいえ、ちょっとでも突っ込まれるような隙をつくりたくないから、当たり障りのない言葉が並び、体裁だけを整えてしまうんでしょうね。

池上　安倍首相のスピーチの「恐れ」は、見えない敵であるウイルスに対する不安ということなのでしょうけれど、ルーズベルトが大統領に就任した際の演説が実際にはどうだったのか。抜粋で紹介します。

フランクリン・ルーズベルトの大統領第一期の就任演説（一九三三年三月四日）

ではまず、私の信念をお伝えします。わたしたちが恐れるべきものは恐怖そのものです。言葉にならず、道理に合わない恐怖は、悪化した状況を好転させる努力を無にしてしまいます。国民生活が暗黒に包まれたときは、大胆で力強い指導者はそれを乗り越えるために欠かせない国民の理解と支持を常に受けてきました。重大な危機に瀕したこのときも、私のリーダーシップをみなさんに支持していただけると確信しています。

（中略）

幸福は単にお金を所有することではありません。達成したときの喜びに、創造的な努力をするときの感動にあるのが幸福です。はかない利益を追いかけまわすのではなく、働くことの喜びと道徳的な高揚感を決して忘れ去ってはなりません。こうした暗黒の日々が、教訓を学ぶ機会となるのなら無駄にはなりません。わたしたちの真の運命は与えられるものではなく、自分たちや友のために捧げるものだという教訓です。

（井上泰浩『世界を変えたアメリカ大統領の演説』）より）

増田　ルーズベルトは、ニューヨーク州生まれ。オランダからアメリカに渡ってきて貿易で財を成した商人が祖先で、いわゆる名門の出です。ハーバード大学を卒業したのち、ニューヨーク州の上院議員や、民主党のウィルソン大統領の時代に海軍次官を務めます。

池上　一九二〇年の大統領選挙では、副大統領候補に指名されますが、敗北してしまったんだよね。

増田　その後、ポリオ（急性灰白髄炎・「小児麻痺」とも呼ばれる）が悪化して、八年にわたる療養生活を送りました。ポリオも感染症ですが、闘病生活はたいへんだったようです。

池上　回復したものの、下半身には麻痺が残りました。普段の生活は車椅子を使っていましたが、その様子を見せたくないので、人前では杖をついていたんです。当時はテレビがありませんでしたから、車椅子の生活をしていることを、多くのアメリカ国民は知らなかったようです。

増田　政界復帰は、一九二八年。ニューヨーク州知事の選挙に担ぎ出されて当選します。

池上　翌一九二九年に世界恐慌が起こるんだよね。ルーズベルトは、州知事として対策に取り組み、革新的な政策を次々と打ち出し、評価を得ます。

増田　まさに今回、アメリカで新型コロナウイルス感染症の被害が最も深刻なニューヨーク州でクオモ知事が陣頭指揮をとって活躍しているような状況と重なりますよね。

池上　一方、トランプ大統領は、記者会見のたびに言っていることが食い違ったり、死者が一〇万人を超えても、「オレ様のおかげで死者がこの程度で済んでいる」と自慢したり、連休を利用して二日連続でゴルフをしたり。

実は二〇一四年、エボラ出血熱の感染が問題になっているときにオバマ大統領はゴルフに行ったんですが、このときトランプ氏はオバマ大統領を批判したんです。その批判が、ブーメランのように自分に返ってきています。

増田　それに引き換えクオモ知事は、感染して亡くなった人の話になると威儀を正し、死者への礼儀を忘れていません。常にデータに基づいて正確でわかりやすい記者会見を心がけていることで、高い支持率を得ています。

池上 トランプ大統領は、そんなクオモ知事の高い支持率に嫉妬しているようで、しばしばクオモ知事を非難します。こんなときに大統領が州知事を非難するなんて、信じられないのですが。

増田 「クオモ知事をアメリカ大統領に」という運動も起きているほどですが、本人は立候補を明確に否定しています。

ルーズベルトの3Rとは

池上 ルーズベルトのニューディール政策といえば、大規模な公共事業を展開したことで有名だよね。

増田 はい。世界史が大嫌いだった池上さんも、テネシー川流域開発公社（TVA）の名前を暗記したことぐらいは覚えていますよね。

池上 それだけは暗記しました（笑）。七つの州にまたがる広大な地域で、ダムの建設と発電、植林、水運の改善や農業の振興などによって、雇用を促進したんだよね。

増田　その通り！　よくできました（笑）。

池上　ルーズベルトの政策は、最優先の課題だった「国民を仕事に就かせる」ことを中心に据えて、さまざまな新しい制度も生み出しているよね。

増田　その基本方針は、３Ｒというものです。

池上　ＩＲじゃない（苦笑）。でも３Ｒなんてリサイクルの標語みたいじゃないか。リデュース、リユース、リサイクルなんて、よく言ったよね。

増田　懐かしい！　でも、ルーズベルトの３Ｒは、リリーフ（Relief）、リカバリー（Recovery）、リフォーム（Reform）。

池上　救済、回復、改革。この三つの英語の頭文字をとって３Ｒなんだね。納得！

増田　ニューディールは「新規まき直し」とよく訳されてきましたよね。

池上　ディールには、トランプ大統領の常とう手段である、取引とか契約という意味があるけれど、改めてはじめからやり直す、ということだよね。カジノのディーラーがカードを配って仕切り直すのと同じで。

増田　実はカジノ好き、ラスベガスが大好きな池上さん（笑）。

池上　新型コロナウイルスの感染拡大でラスベガスのショーがすべて閉鎖されてしまったことを悲しんでいます。日本のＩＲ事業計画には賛成できないけれどね。

増田　私もです。それはさておき、ニューディールの意味からいっても、救済、回復、改革の３Ｒが基本方針だというのは理解できますよね。

池上　ニューディール政策は、ざっくりいうと経済復興と社会保障の増進の二本立てなんだよね。ルーズベルトの前のフーバー大統領が、世界恐慌に際してほとんど有効な策を打ち立てなかったのに対し、ルーズベルトはアメリカ連邦政府の権限を強化して、経済統制を積極的に行っていった。

増田　修正資本主義を実践した、なんて言い方もされますよね。

池上　そう。イギリスの経済学者ケインズの考え方で、ニューディール政策の理論的意義づけにもなった。資本主義の欠陥を「大きな政府」の政策でカバーしようという考え方なんだよね。

ニューディール（新規まき直し）政策とは

救済 (Relief)	1933.3	緊急銀行救済法 (金本位制を停止し、管理通貨制度を導入した)
	1933.5	緊急救済法（5 億ドルの資金で、困窮した人たちを救済した）
回復 (Recovery)	1933.5	農業調整法 (AAA)（農産物の価格が下落したので、補助金を出して作付けを制限。価格引き上げをはかった）。36 年 1 月に違憲判決
	1933.6	全国産業復興法 (NIRA)（労働者の団結権・団体交渉権を認め、失業者救済の公共事業を促進した）35 年 5 月に違憲判決（各州の権限侵害として違憲とされた）
改革 (Reform)	1933.5	テネシー川流域開発公社 (TVA)（7 州にまたがり、ダム建設、発電、植林などをすすめ、雇用促進をはかった）
	1935.7	ワグナー法（全国労働関係法）（全国産業復興法が違憲とされたことから労働者の権利保護のために制定された）

すべての国民を救済しようとした

増田　「ボーナス・アーミー」ってご存じですか。

池上　聞いたことがあるよ。第一次世界大戦の復員兵たちが、一九三二年にボーナスの繰り上げ支払いを求めてデモ行進をした事件だったよね。

増田　そうです。世界恐慌に際して、復員兵たちは、一九四五年に支払うと約束されていたボーナスの繰り上げ払いを求めて、家族も一緒に首都ワシントンD.C.に向かって行進をしました。三万人も参加したデモです。彼らは職を失い、経済的にも困窮していたし、戦争で負った傷を抱えていた。かつては称賛された軍人だったのに、今では浮浪者扱い。精神的にも追い詰められていたんですね。

池上　けれども、デモといっても、そこは軍人らしく、ワシントン郊外のアナスコシア川に野営して、規律正しく毎日行進したんだよね。当時はまだ禁酒法が出されていたから、酒を飲まないというルールもきちんと守っていた。しかし、そうこうしているうちに、地元警察と衝突するようになると、当時のフーバー大統領は、あのダグラス・マッカーサー（当時は大将）に彼らをやめさせるように命じた。

増田　マッカーサーは、彼らの行動を共産主義クーデターの先駆けとみていたんですよ。だから、戦車を出し、銃や剣、催涙ガスまで使って、かつてアメリカのために戦った兵士たちを攻撃したんです。

池上　フーバーだって、衝突を止めろと言っただろうけれど、そこまでやっていいとは言っていなかった。権限を超えたことをマッカーサーはやったんだよね。

増田　しかも、逃げる復員兵たちを追い詰め、野営地に火を放ってケガをさせたんですよ。アメリカ兵同士が傷つけあったのは、南北戦争以来だったそうです。

池上　二〇二〇年五月に、黒人男性が警察官に殺される事件が発生し、それに抗議をする人たちのデモが全米各地に広がり、大暴動にまで発展しました。ホワイトハウスの前まで抗議をする人たちが詰めかけて、怯えたトランプ大統領は連邦軍を配備するように命じた。国内の反対運動に連邦軍を出動させるなんて、内戦になりかねない。警察官はデモを抑え込む訓練を積んでいるけれど、連邦軍の兵士は敵を殺す訓練をしているのだから、不測の事態が起こりかねない。アメリカの人種差別は、キング牧師のような偉大な人も生んだけれど、決してなくならない根深い問題なんだ。

増田 マッカーサーに攻撃され、負傷したボーナス・アーミーたちでしたが、くじけず翌年もデモ行進を続けたんですね。

池上 翌年の一九三三年は、ホワイトハウスにいる大統領もフーバーからルーズベルトに代わっている。

増田 そのルーズベルトは、どう対処したか。妻のエレノアを現場に行かせ、日に三度の食事を提供したというのです。しかも、コーヒー付きで。

池上 エレノア夫人は、第二次世界大戦後に国連大使まで務めた人で、平和運動や女性解放運動に尽力した人なんだよね。ファーストレディーは夫を助けた。

増田 あまりに違う二人の大統領の対処の仕方に、ボーナス・アーミーたちは話し合い、民主的な投票を行って、活動の解散を決めたそうです。ルーズベルトは、そんなボーナス・アーミーたちを市民保全部隊に参加させたんですよ。

池上　なるほど、彼らの経歴を活かして仕事を与えた。いわば失業対策だ。ニューディール政策は、ルーズベルトが大統領選挙に立候補したときに公約として掲げられたものだけれど、就任直後からこうして実践していたんだね。

増田　フーバー大統領の時代に始まった世界恐慌でしたが、国民は仕事も家も失い、困窮して満足に食事すらできなかった。ニューヨークのセントラルパークをはじめ、全米各地に掘っ立て小屋が立ちならび、ホームレスたちが雨露をしのいでいた光景がありました。

池上　その掘っ立て小屋が立ち並んでいたバラックは「フーバービル」（ビルは村の意）なんて揶揄《やゆ》された。結局、社会保障、つまり国民を助けるための最低限のセーフティーネットは何もなかった。人間の最低限の尊厳が守られないような状態だったんだね。

増田　尊厳とは、誰もが等しく尊重し合う、ということですよね。世界恐慌のどん底で大統領に就任したルーズベルトの政策の背景には、国民を一つにまとめようという精神が流れているんだと思います。

「恐れるべきものは恐怖そのもの」という就任演説のフレーズが有名ですが、私はルーズベルトの発言のこのフレーズも好きです。

「幸福は単にお金を所有することではありません。達成したときの喜びに、創造的な努力をするときの感動にあるのが幸福です。はかない利益を追いかけまわすのではなく、働くことの喜びと道徳的な高揚感を決して忘れ去ってはなりません」

池上　株式バブルや不動産バブルに踊ったことをやんわりと批判していますね。自分で考えて努力し、働くことで喜びを実感する、まっとうに働くことに価値があるということを強調しているんですね。

銀行業務を一時停止させた

池上　ルーズベルトといえば、第1章の世界恐慌について話したときにも出てきた、金本位制の停止と管理通貨制度に着手したことでも有名だよね。

増田　金の裏付けなく紙幣を増刷したので、「ただひたすらお札を印刷している」などと反対する共和党の保守層からは批判を受けました。一方で、大企業の経営者など資本家以外の一般国民からは、絶大な人気を誇りました。

池上　ルーズベルトは就任演説で、こうも言っているんだよ。「人々の蓄えを支配する金融業者が、彼らの頑固さと無能のせいで機能不全に陥り」と。

増田　かなり細かく状況を説明して、厳しく金融業者を責めていますね。

池上　銀行に対して辛辣《しんらつ》だよね。アメリカでは一九二〇年代頃から、家計における貯蓄率が高かったんです。そこで、その後の好景気で預金を担保にしてローンを組んで消費するといった流れも生まれます。銀行は、その預金を使って投資する。もちろん預け入れてくれた人に利息を支払う銀行としては、運用して利益を出して、支払いにあてなくてはなりませんから、当たり前の行為だけれどね。

しかし、当時は銀行業務と証券業務の垣根がなかった。そのため、株式投資に銀行も熱中して預金者の預金を注ぎ込み、バブルが膨らんでいくことになってしまった。だから、ルーズベルトは「すべての銀行業、信用取引、投資を厳しく監視しなければなりません」といい、一九三三年にグラス・スティーガル法を制定して、銀行業務と証券業務を分けることにするんです。

増田　株価の大暴落で銀行はつぶれ、預金を失った人たちにとっては、厳しく監視してもらうのは当然のことでしょうね。

池上　当時のアメリカにもバブルに踊った人が多かったでしょうから、ルーズベルトの言葉は響いたでしょう。

増田　当時は多くの銀行が倒産した結果、人々は、お金を預金しなくなっていました。タンス預金をしていたんですよね。アメリカでは、ベッドのマットレスの下でしたが。

池上　そうです（笑）。ルーズベルトの前のフーバーは、財政均衡主義、つまり政府の支出と歳入を極力同等にする政策をとっていたんですが、そこに恐慌が起きてしまった。政府の財政も当然厳しくなったので、フーバーが何をしたかというと？

増田　増税ですね。

池上　そう、一九三二年には、フーバーは増税しているんです。これでますます一般の人たちはお金を使わなくなった。本当は減税して、人々に消費を呼びかけなくてはいけなかったのですが。

増田　恐慌で仕事がないうえ、増税されたら消費は冷え込むに決まっていますよね。ものが売れないから物価が下落、賃金も下落して……。

池上　いわゆるデフレスパイラルに陥るわけです。

増田　どんどん悪循環になります。

池上　その状況を解消しようと、ルーズベルトは金本位制を停止するわけです。一方で、大統領に就任した翌日には、銀行業務を休止させることを宣言しています。預金者が銀行に預金を引き出しに押し寄せている状況を改善するためです。倒産せずにいた銀行についても引き出し制限をすることが多くの州の法律で決まったため、混乱は増していました。倒産した銀行の問題も含め、ルーズベルトは銀行の改革に取り組んでいきます。

増田　三月一二日には、ルーズベルト本人がラジオを通して国民に語りかける「炉辺談話《ろへんだんわ》」を開始していて、その初回で危機にある銀行について語ります。銀行がどういう機能を持っていて、どうして銀行閉鎖をしたのか。そして今後の改善策について説明し、国民に協力を求めたのです。

池上　ルーズベルトは、このラジオという誕生したばかりのメディアをうまく使った政治家です。自分の考えを国民に直接訴えることで、支持を集めたのです。今ならさしずめ、ツイッターを駆使して国民に声を届けるトランプ大統領のようなものですか。

豚を殺して経済を循環させるインフレ政策

池上　農業政策も国民視線の新しい発想だったよね。第一次世界大戦後、世界的に農産物の増産が進んで価格が下がっていたんだ。そこに恐慌が起こり、経済が落ち込んだ結果、消費が減って農産物の価格も暴落しました。

増田　そこで一九三三年、農業調整法（AAA）を制定するわけですが、その中身はこういうものでした。
　例えば、子豚六〇〇万頭を処分して価格を回復させます。でも、重要なのは、廃棄や処分をするだけではなく、豚肉やラード、あるいは石けんにつくり替え、貧しい国民に分配して、無駄にしない努力もしたということです。

池上　なるほど。価格回復という目的だけでなく、そういう弱者救済への視線があるんですよね。

増田　農作物に関しても、例えば野菜の廃棄や減反を農家に要請します。それに応じた補助金も政府が支払いました。

池上　減反といっても、今の若い人にはピンとこないでしょうね。減反の「反」は田んぼの面積の単位。それを減らすということは、耕す田畑の面積を減らすということです。そして、このときが史上初の減反でした。第二次世界大戦後は、世界で行われるようになります。日本でも一九七一年から米の減反が行われました。

増田　この農業政策は、「ニューディーラーズ」と呼ばれたチームの一員が、ルーズベルトに一任されて実行したんですよ。新しい取り組みに果敢にチャレンジしてくれる優秀な人材を集めて、チームをつくったんです。しかも目的を達成するためなら自由にやっていいと。

池上　側近の存在って大事だよね。彼らの能力によって時の政府がうまく機能するかどうか決まるといっても過言でない。

増田　労働長官には、女性を起用しました。

池上　アメリカ初の女性閣僚が誕生したわけだ。

増田　ニューディール政策では、労働者の団結権、団体交渉権、ストライキ権を認めたワグナー法や労働条件の改善を規定した法律も制定されています。労働者の権利を法制化した、という点も初めてのことです。

池上　外交面でも善隣外交といって、中南米から撤兵し、キューバの独立やソ連を承認したりした。一八九八年にキューバはスペインから独立したんだけど、アメリカは、自分の「裏庭」だと思っているカリブ海のキューバを保護国にしていた。その方針を変えてキューバの独立を認めた。

また、ロシア革命で誕生したソ連が共産党によって支配された共産主義の政権であることを面白く思わないアメリカの政治家たちは、ソ連を国家として承認していなかったのだけれど、台頭するナチス・ドイツに対抗するためにソ連を承認した。アメリカ国内では、この方針に反対した人たちも多かったのだけれど。

増田　さらに私が驚いたのは、実はニューディール政策は公衆衛生の面でも成果を上げたということです。『経済政策で人は死ぬか？』の著者のデヴィッド・スタックラーとサンジェイ・バスは、「ルーズベルトのニューディール政策は、公衆衛生に大きな変化をもたらした。公衆衛生を念頭に置いたものではなかったにもかかわらず、この政策の有無がアメリカ国民の生死と健康を左右することになった。この政策がなければ医療も受けられず、食料も買えず、家も失って路頭に迷ったであろう人々が、救われたのである。ニューディール政策は、最低限の健康な暮らしを支える役に立ったという意味で、アメリカで実施された公衆衛生政策のなかでも最大規模のものである」と評価しています。

池上　ニューディール政策によって伝染性疾患が減り、肺炎の死亡率も小児死亡率も、さらに自殺率も下がったそうです。特にルイジアナ州は、国以上の対策を取ったそうですね。富裕層や企業の税率を上げて公共事業や教育、年金などの財源を増やしたそうです。

増田　ルイジアナ州でも、州知事が活躍したんですよね。現在も貧困層が多く、問題を抱えたルイジアナ州にそんな歴史があったことに驚きました。

多彩な人材にサポートしてもらい、弱者に目を向けた政策を実践する。そうした視線を忘れずに国が国民に手を差し伸べてくれれば、国民だって政治を信頼できるようになりますよね。

池上　ニューディール政策は、イギリスの経済学者ケインズの修正資本主義の考え方に裏付けられていると言われています。ルーズベルトは、ケインズ経済学にみるように、あるときは資本家たちの味方であり、あるときは弱者の味方である。そういうスタンスで政策を立てていったので、ウォール街を敵にまわした。これは意図的な行動だったともいわれているけれど。ただ、今になって振り返ってみると、すべての国民をまとめようと現実に即した政策を立てていった。だからこそ、アメリカ大統領としては異例の四選を果たすことになったんだろうね。

コラム●世界恐慌の時代に生まれた『怒りの葡萄』と『雨ニモマケズ』

『怒りの葡萄』は、世界恐慌時代のアメリカの姿を、貧困にあえぐ農民一家がカリフォルニアを目指して旅する姿を通じて描いている。アメリカでもっとも有名な小説であり、作者のジョン・スタインベックはこの作品で一九四〇年にピューリッツァー賞を、一九六二年にノーベル文学賞を受賞している。

物語の舞台オクラホマ州は、アメリカ中南部に位置する。今でもカウボーイの姿が見られ、バイブルベルトと呼ばれるキリスト教の信仰があつい地域だ。物語も『旧約聖書』出エジプト記を下敷きとしている。

主人公のジョード一家は、中南部オクラホマ州で農業を営んでいた。総勢一三人で、希望の地カリフォルニアを目指すが、直後に祖父が亡くなり、祖母が亡くなり、食べるものも手に入れられず、といった調子で苛酷な状況がこれでもか、と続く。やっと到着した新天地カリフォルニアには、既に多くの農民が流れ着いていて低賃金の労働しか残されていなかった。食べるものさえ困っている農民たちの目の前で、資本家でもある農場の経営者は価格維持のために果物に石油をかけて焼き払う。そんな残酷なシーンが積み重ねられる中でも、ジョード一家は、互いに思いやり、助けあい、困難の中でも黙々と前に進んでいこうとする。洪水と豪雨の中、死産で悲しみに暮れるジョード家の長女が、父親を助けてほしいとすがってきた若者の願いにこたえて、自分の乳房をその老人に吸わせるというラストシーンは、失った命のためにあった糧《かて》で今ある命をつなぐという崇高な姿を描く。

タイトルとなった『怒りの葡萄』の葡萄は、神の怒りによって踏みつぶされる人間と言われている。救世主イエス・キリストの血が葡萄酒になぞらえられることも理由の一つだろう。最初に亡くなる祖父も「カリフォルニアで葡萄をお腹いっぱい食べる」ことが夢だった。

同じ時期を生きた日本人の作家が『雨ニモマケズ』の宮沢賢治だ。どんな困難にも負けず、他人のために奔走し、決して人を羨まず、質素を常としひっそりと生きる。そんな姿を理想と描いたこの作品は、賢治の没後に手帳に書かれていたものが発見された。つまり遺作である。

スタインベックはクリスチャンだったが、賢治は熱心な日蓮宗の仏教徒。家族が信じる宗派とは違ったので、しばしば父親と衝突したという。賢治自身は裕福な家庭で育ち、地元で農学校の教師をしながら、肥料づくりをはじめ稲作の指導に尽力。その一方で文学作品の執筆に取り組んだ。

オノマトペ、つまり擬態語を表現に多用したり、しばしば上京し、エスペラント語（どこの国の言葉でもない世界共通語）を習って自分の作品を翻訳しようとしたり、独特の世界観をもっていた。困難な日々の中にあったからこそ、それが『注文の多い料理店』『銀河鉄道の夜』などの児童文学を生み、今なお名作として読み継がれている所以《ゆえん》なのだろう。

賢治はスタインベックのように、故郷岩手の凶作や飢饉の状況などを直接書き綴ることはなかった。しかし、当時の東北地方はそれに加えてしばしば地震にも見舞われたので、『グスコーブドリの伝記』など、作品の中にも地震が登場する。実際、賢治が生まれた直後や、亡くなる直前にも東北地方では大地震が起きている。

どんな困難な状況にあっても、他者への思いやりや助けあいを忘れずに生きていく。スタインベックと賢治の残した作品は、人間のあるべき姿そのものなのだ。

ちなみに、宮沢賢治の作品で、池上のイチオシは『よだかの星』。増田の心に残るのは『永訣の朝』。今だからこそ、昔読んだ作品に触れてみるのも良いかもしれない。

（池上／増田）

第3章

日本は昭和恐慌にどう立ち向かったか

不況のさなかに世界恐慌がきた日本

増田　世界恐慌は、当然ですが、日本にも大きな影響を与えました。

池上　当時の日本は既に景気の状況が良くなかったんだよね。

増田　一九一四年に第一次世界大戦が起こります。日本は当時、明治から続いてきた経済成長に翳《かげ》りが出て、景気が悪い状態が続いていたのですが、この戦争をきっかけに景気が良くなります。

池上　日本は連合国軍側について第一次世界大戦に参戦しました。意外に知らない人が多いのですが、海軍が地中海に派遣されて実際に戦闘に参加し、死傷者も出ています。ただ、戦場はヨーロッパでしたから、直接的に大きな戦いに巻き込まれることはありませんでした。

増田　ヨーロッパではこれまで経験したことのないような大規模な戦いが続き、戦場になってしまったので、それぞれの国が自分の国でいろいろな物資を調達することができなくなりました。ほとんどヨーロッパ中で戦っているわけですから、ものの行き来も難しくなります。そのヨーロッパに日本は物資を輸出することで、景気が良くなっていきます。

池上　アメリカと同じだよね。戦場になっていない国が、戦地になっている国々へ輸出することで好景気になった。他国の戦争で景気が良くなる。悲しいことですが、これが現実です。この頃の日本の成金の振る舞いが、今も語り草になっています。戦争で財をなした成金が、夜の料亭で散財した後、帰ろうと玄関まで来たけれど、暗くて自分の履物が見つからない。そこで持っていた札束に火をつけて、その明かりで履物を探したというエピソードがあります。

増田　なんという振る舞い。いかにも成金がしそうな話ではありますが、いくらお金があったといっても、信じがたい態度ですよね。

池上　さらにこの頃、「メイド・イン・ジャパン」の悪評が定着するのです。

増田　どういうことですか？

池上　大量の注文を受けて、粗悪品を平気で輸出していたんです。戦時下で、自国でものを生産できないから輸入したのに、日本は粗悪品を送りつけて来た。悪いイメージが染みついたのです。このイメージを改善するために、第二次世界大戦後の日本は苦労したんです。

増田　今は、メイド・イン・ジャパンといえば、高品質の代名詞ですからね。戦争が一九一八年に終わると、反動が起こります。好景気にわいた日本はバブルのような経済状態になっていたのです。そのバブルがはじけます。

池上　アメリカより早く景気の後退が始まったわけですよね。

増田　戦争が終わり、ヨーロッパも徐々に生産が回復し始めたため、日本で増産していた物資は余り始めます。そして遂に一九二〇年三月、東京と大阪の株式市場で大暴落が起こります。日本が海外に輸出していた繊維、また米などの価格も暴落したのです。

池上　大戦景気によって登場した成金たちも没落します。例の成金も、このとき財産を失い、わびしい晩年を過ごしたそうです。

増田　さらに追い打ちをかけるように、一九二三年には、関東大震災が起こります。

池上　政府は積極財政で、さらなる景気の後退をなんとか防ぎますが、一九二七年三月、ついに破綻を迎えます。金融恐慌が起こるのです。

金融恐慌は大蔵大臣の失言から

池上　関東大震災が起こったことで、企業などの支払いが滞ります。地震の被害があまりに大きかったものですから、期日までに支払いをしたり、お金を返したりができるような状況ではありません。もし銀行が倒産してしまうと、一斉に多くの人が預金を引き出す、取り付け騒ぎが起こったり、賃金の支払いが滞ったりします。既に地震でたいへんな状況で多くの人が困っているのに、その上、社会不安が増したら、もっと悪い影響が出てしまいます。

そんな問題がある中で、担当の片岡直温《なおはる》大蔵大臣が大失言をします。

増田　これもまた変わりませんね。

池上　ええ（笑）。少しは変わってほしいものですが……。一九二七年三月一四日、東京渡辺銀行は、経営が苦しくなっていることを大蔵省に報告します。これを聞いた片岡大臣が、国会の予算委員会で、「東京渡辺銀行がとうとう破のですが、この発言で翌日から休業することになります。このとき渡辺銀行の関連の「あかぢ貯蓄銀行」も同時に休業します。

増田　「あかぢ」！　すごい名前ですね。まるで赤字の銀行みたいですね。

池上　まったくね。実は渡辺銀行の経営者の渡辺家の屋号が「明石屋治右衛門《あかしやぢうえもん》」だったので、これを略して名付けたそうですが、縁起の悪い名前でしたね。

増田　この片岡大臣の失言をきっかけに銀行へは預金を引き出そうという人が殺到したんですね。いわゆる取り付け騒ぎです。こうした状況は、今後、もしかしたら起こり得るような出来事ですよね。新型コロナウイルスの感染予防のため、多くの人が外出を控えざるを得ない。そのため経済活動が滞って、事業の収益が悪化する。資金繰りもたいへんになりますから、政府が支払い猶予などの対策を打って、金融機関に対して貸し出ししている企業の返済を大目に見てくれと働きかけている。これが続くと、貸したお金を回収できなくなる、つまり不良債権化する可能性もあります。こうした事態を避けるためにも、今は感染予防と経済活動の両立が大切な課題になっています。

池上　片岡大臣の失言の二週間後、今度は台湾銀行が鈴木商店への融資を打ち切る決定をします。その結果、鈴木商店が破綻。こうして銀行に対する不信感、経営への不安がふたたび広がり、銀行への取り付け騒ぎが頻発するようになります。台湾銀行は、日本が統治していた台湾に設立された中央銀行です。紙幣も発行する発券銀行でした。台湾ばかりでなく日本国内でも事業を拡大し、鈴木商店に多額の貸し付けをしていたのが命取りになりました。そして台湾銀行も休業に追い込まれます。

増田　ここでちょっとブレイクタイム。台湾銀行と鈴木商店の関係を説明しておきましょう。鈴木商店というと、商店街の小さなお店をイメージするかもしれませんが、砂糖や樟脳《しょうのう》などを扱う大手商社だったのです。

池上　樟脳というと、父親や母親の時代のイメージがするなあ。

増田　防虫剤ですか？

池上　そうそう！　あのツンとしたにおい。懐かしい感じがするよね。

増田　防虫剤のイメージが強い樟脳ですけれど、マルチプレーヤー、つまりさまざまな能力をもっていたんです。例えば、鎮痛や消炎、血行促進効果があり、医薬品としての名前はカンフルです。

池上　なるほど、カンフル剤のカンフルか。

増田　油も採れるので、最近ではアロマオイルとしても販売されています。メイド・イン・ジャパンの天然樟脳から作られたものを無印良品（ＭＵＪＩ）で見かけました。

池上　人工の樟脳があるから、今では日本製、しかも天然なんて貴重なものでしょう。樟脳の原料はクスノキ（樟）だよね。

増田　はい。クスノキは、中国や台湾、韓国、日本の西南部にしか生息しておらず、樟脳は日本でも江戸時代以降、金や銀に次ぐ貴重な輸出品だったんです。しかも、セルロイドや火薬の原料にもなる。そこで鈴木商店は、日本の統治下にあった台湾の樟脳に着目し、台湾で事業を展開。大躍進しました。

池上　そんな鈴木商店に、台湾銀行は多額の貸し付けをしていた。第一次世界大戦当時は売り上げが三井物産や三菱商事に迫る勢いがあったのですから、無理もない。だからこそ、鈴木商店の破綻と台湾銀行の休業は、当時の人たちにとって大きな衝撃だった。

ちなみに鈴木商店の子会社の一つは生き残り、その後、岩井産業と合併して日商岩井となり、さらにニチメンと合併して、現在の双日となっています。

増田　台湾銀行までが休業に追い込まれた。これで不安がまた増すんですね。「あれっ、自分がお金を預けている銀行は大丈夫なんだろうか」と、さらに多くの人が銀行へ預金の取り付けに走るようになります。

自分の預けておいたお金が消えてしまうかもしれないと思ったら、みんな銀行へ走ってしまいますよね。でも、それが悪循環を生みます。当時、国内で最大の資本金を持っていた十五銀行が、取り付けの多さに対応しきれなくなって休業したのですから。

池上　不安が不安を呼び、案の定、取り付け騒ぎはさらに広がっていきます。まさにパニックです。ちなみにこの十五銀行、華族の資金を元につくられた銀行で、華族銀行とも呼ばれていました。第二次大戦後まで存続し、帝国銀行に吸収合併されました。帝国銀行は、その後、三井銀行と改称し、住友銀行と合併。今の三井住友銀行です。

増田　銀行の歴史を語りだすと、結構キリがないものですね。ときの政権に話を戻すと、金融恐慌を止めることができなかった責任をとって若槻《わかつき》礼次郎内閣は総辞職。次に首班指名されたのは軍人で長州出身の田中義一《ぎいち》。田中は、この恐慌に対応するため、それまでに三度も大蔵大臣を務めていた高橋是清《これきよ》を四度目の大蔵大臣に迎えます。

池上　高橋は一九二一年から二二年に総理大臣も務めています。首相だった原敬《たかし》が東京駅で刺殺されたため、原内閣で大蔵大臣を務めていた高橋が後任として首相に推され、大蔵大臣と兼任で引き受けることになりました。

増田　高橋是清は、生涯で七度も、大蔵大臣を務めていますよね。

池上　高橋は財政手腕をとても高く買われていた人物です。「高橋財政」とその財政運営が呼ばれていたことからも、それがよくわかりますね。

増田　きちんと専門性をもった政治家が、その知見から政策を考え、課題や問題に取り組んでくれたら、それだけで国民に対してポジティブなメッセージになりますよね。

池上　高橋のようなスペシャリストが今の政治の世界にはいない気がします。今の政治家は、多くが族議員。各省庁の利益を代弁しているだけだったり、官僚出身の政治家も、専門性というより、霞が関の理屈で政治を考えていることが多かったりします。

増田　医師や教師に弁護士、元検事なんていう人も今の議員にはいます。そういった知見をもっと活かしてくれるといいのですけれど。

池上　大臣は当選回数で持ち回り。適材適所なんて組閣のときによく言いますけど、サイバーセキュリティー担当大臣がパソコンを使ったことがなかったり、ＩＴ担当大臣がはんこ議連の会長だったり……。

増田　こうして感染症流行の影響でさまざまな問題が出てくると、専門性を活かして国民生活を良くしよう、何か起こったときに対応しよう、そんな考えをもっている政治家が必要だとつくづく感じます。

金融恐慌には高橋是清という財政のプロがいた

池上　金融恐慌が起こった一九二九年、高橋是清は七二歳でした。当初は健康不安もあり、大蔵大臣就任は難しいのではないかと思われていましたが、彼は頼まれると断れない性格でしたので、短期間なら引き受けるということになりました。ただ、条件をつけました。恐慌を乗り切ったら辞任すると。

増田　権力の座に汲々《きゅうきゅう》としないのですね。さっそく高橋は、三週間のモラトリアム（支払猶予令）を閣議決定して、四月二二日に公布します。モラトリアムというのは、銀行預金をはじめ、すべての債務、借金などの支払いを一定期間猶予することです。

池上　この期間、銀行はお金の支払いなど、決まった額しか支払いませんよ、ということですね。だから、たとえ取り付けに来てもお金は決まった額しか引き出せません。

増田　でも、少しの額しか引き出せないと決まったのであれば、やはり銀行にはお金がないのかと、不安が消えない人もいたのではないでしょうか。

池上　高橋という人は常識外れの独特なアイディアをもった人で、まず、十五銀行が休業した翌日の四月二二日と二三日、自発的に一斉休業するように全国の銀行に依頼します。銀行側も協議をして、これを実施します。二四日が日曜日で元々銀行はお休み。この三日間で、そのあとに控える三週間のモラトリアムのための準備をしたんです。何をしたかというと、大量の片面印刷の二〇〇円紙幣をできる限り印刷して銀行に配ったんです。大量の紙幣を印刷するには時間がかかるので、片面だけを印刷したんです。

増田　そんなことしていいんですかね（笑）。

池上　普通は考えもよらない方法ですよね。それで休み明けの銀行にその裏が白い二〇〇円札をどうさせたかというと、店頭に高く積んで置かせたのです。

増田　これ見よがしに、お金はこんなにあると。

池上　そう、焦らなくてもお金はあるから大丈夫というメッセージです。自分のお金がなくなってしまうのではないかとパニック状態に陥っている人々の不安を和らげるには、このくらいのショック療法が必要だったのでしょう。

増田　大きな問題を前にしたとき、不安を取り除くことの重要性ですね。

池上　どうしたら安心を生むことができるか。危機のときに大切なことです。

実は今の日本銀行も、このときのことを教訓にしたことがありました。バブル崩壊後に金融不安が起こった一九九五年、大阪の木津信用組合で取り付け騒ぎが起きたときには、日銀大阪支店が大量の一万円札の束を持ち込んでカウンターの上に積み上げ、「お金はいくらでもあるから大丈夫です」と預金者を安心させ、騒ぎを鎮静化させています。

さて、その高橋は、この不安を生んだおおもとを解消するために、日銀特別融資及び損失補償法案、台湾銀行に対する資金融通に関する法案を国会に提出して可決させます。これらの法案によって、日銀の補償による銀行の救済の額を増やしたのです。

増田　これで不良債権を多く抱える銀行も日銀と政府が助けてくれてつぶれな

いだろうと思う人が増えます。でも、日銀と政府が助けるということは、最終的には国民の税金が使われるということです。

池上　世界恐慌への対抗策としてルーズベルトがとった管理通貨制度に近い政策なんです。

増田　金本位制度をやめて、中央銀行がお金の量を調整することで、経済をコントロールしようとしたことですね。

池上　そうです。これは金融恐慌、お金にまつわる恐慌だから当時と今は状況が違うとも考えられますけれど、やはりみんなが生活を営む上でお金は絶対必要です。だから、何かが起こって多くの人の生活が困難になりそうなとき、どうやってお金にまつわる不安を取り除くか、です。完璧に取り除くことはできないとしても、取り除こうとしているというメッセージを政府が発することが大切なんです。

増田　最初は金融の世界の問題であっても、みんながお金を使って生活しているのですから、影響がないわけないです。

池上　今もみんながお金の問題でこれから困ると思っている。だから、その不安を取り除くような政策が必要なわけです。そういうことが歴史から見えてきます。

増田　政策の意味や効果がどういうものか、私たちも吟味しないといけないのでしょうけれど、政治家の側にももっときちんと説明すべきだと言っていく必要があります。

池上　実際に高橋財政の効果が出て、多くの人の不安は収まり、取り付け騒ぎは落ち着きます。金融恐慌は五月には沈静化します。

増田　高橋は、六月二日、就任から四四日で大蔵大臣を辞任します。

池上　約束通り、短期間で恐慌を抑え込むと身を引いたのですね。

「政治が趣味道楽であってたまるか」

増田　ただ、日本の経済が好調になったかといえば、そういうわけでもありません。何かが起これば、こうした恐慌が起こってしまうような経済状況ですから、基本的には脆弱《ぜいじゃく》でした。金融恐慌を契機に、つぶれてしまった銀行や会社も多くあります。

池上　日銀と政府の助けによって、不良債権を整理することはできたけれど、負債を抱える銀行や企業がなんでもかんでも生き残ったというわけではないんだよね。合併や吸収されてしまった銀行も多く、整理、統合が進んだ時代です。

そして一九二九年、アメリカで株の大暴落が起こり、世界恐慌が始まります。日本もまた不況の度合いが強まっていきます。金融恐慌と世界恐慌の影響によって大きく経済が落ち込んだ状況を、昭和恐慌と呼んでいます。

増田　世界恐慌が起こったときの日本の首相は、浜口雄幸《おさち》でした。

一九二八年六月、当時の満洲に駐屯していた関東軍の一部が暴走し、中国の軍閥政治家である張作霖《ちょうさくりん》を爆殺します。この事件の対応を誤った田中義一内閣が総辞職します。田中は当初、首謀者は陸軍の軍人だと思われる旨を昭和天皇に上奏。厳しく対処するよう命じられました。しかし、陸軍などから異論が出て、軽い行政処分としたため、天皇から叱責を受け、総辞職に至りました。

次の浜口が総理大臣に就任したのが一九二九年七月。日本軍が中国大陸での動きを活発化させ、やがて日中戦争の泥沼へと走り始めた頃だったのですね。

池上　ニューヨークの株価暴落の四か月ほど前に首相に就任するわけですね。

増田　信念に基づいて自分の政策を押し通し、風貌とあいまって、ライオン宰相と呼ばれていました。

池上　生真面目というか、頑固だったんだよね。

増田　そうなんです。政治家としてはときとしてそれが短所にもなったかもしれませんが、その真面目なところが好まれて、人気が高かったんですよ。浜口は、唯一の趣味が政治だといわれると、「政治が趣味道楽であってたまるか。およそ政治ほど真剣なものはない。命がけでやるべきものである」と反論しています。

池上　こんな反論なかなかできないよね。実際に命がけとなったわけですから、確かに信念の人です。

増田　一九三〇年にロンドン海軍軍縮条約の批准《ひじゅん》をめぐって、アメリカやイギリスとの協調外交を旨とする浜口に対し、枢密院《すうみついん》が反発します。しかし、浜口は譲りません。海軍をはじめ、軍縮に対する反発も大きく、統帥権《とうすいけん》の干犯《かんぱん》だと批判されます。

池上　大日本帝国憲法では、軍隊を指揮する最高の権限は、天皇が持っていることになっていましたから、天皇の許可も受けずに軍隊の縮小を決めるのは、その権限を踏みにじり、憲法に違反していて、問題だと責められたのです。

増田　軍縮の目的には、軍事費を大幅に減らせば国民の負担を軽減できるのではないかという期待もありました。ただ、一方で軍需産業も打撃を受けるので失業者を出す懸念もあり、そう考えると諸刃《もろば》の剣《つるぎ》ですよね。さらに長引く不況に対してうまく対応がとれなかったこともあり、不満をもつ人も出てきます。その結果、一九三〇年一一月、浜口は、岡山で行われる陸軍の演習の視察へ向かうために訪れた東京駅で、右翼団体「愛国社」に所属する佐郷屋留雄《さごうやとめお》に撃たれました。東京駅構内には、「浜口首相遭難現場」というプレートがあります。

池上　倒れた浜口は、「男子の本懐《ほんかい》だ」と言ったのです。

増田　浜口が使ったことで、「男子の本懐」という言葉が有名になりました。自分が正しいと信じて行った政策によって自分の命が狙われるのなら、まさに命をかけて政治を進めてきた自分にとっては望むところだ、という意味ですね。銃撃された首相に対して不謹慎かもしれませんが、個人的には「カッコいい！」と叫びたくなります（笑）。

池上　ホント！　なかなか言える台詞じゃないよね。作家の城山三郎が浜口について書いた小説のタイトルにもなっていますからね。浜口はなんとか一命を取り留めたものの、かなりの重傷でした。それでも翌年には国会に出ているんですよね。

増田　完治しないままでした。国会に出ることは、「国民に対する約束だ。これを守らなければ、国民は何を信じたらいいのか。自分は死んでもいいから国会に出る」と話していたそうです。本当に誠実な人で、そういうところが人気の理由なんでしょう。

池上　何かやましいことがあると、すぐに入院して国会に出てこない今の政治家とは大違いです。

増田　確かに……。一九三一年三月、浜口は国会に出席していましたが、容態が悪くなり、翌月、浜口内閣は総辞職します。そして八月二六日に亡くなります。

池上　浜口の襲撃の衝撃は大きかったですね。この事件をきっかけに、血盟団事件、五・一五事件、二・二六事件と、政府や財界の要人が襲撃されるようになります。

世界恐慌によって恐慌はさらに悪化

増田　世界恐慌は、どのような形で昭和恐慌への影響となって表れたかと言うと……。

池上　大きく影響が出たのが、生糸《きいと》です。

増田　当時の日本の主要輸出品です。明治から昭和のこの頃まで、繊維産業は日本の農業から工業が中心の社会への移行を支えてきました。その中でも生糸は、この頃の日本の輸出品に占める割合で四〇％から高いときには七〇％も占めていました。生糸を輸出して、その利益で工業化のための機械を輸入していたのです。二〇世紀のはじめには、日本は中国を抜き、世界第一位の生糸輸出国になります。

池上　その最大の輸出先は、アメリカ。したがって、アメリカで恐慌が起これば、生糸の輸出に大きな影響が生じます。一九三〇年六月には、アメリカでスムート・ホーリー法が成立し、関税が引き上げられます。

増田　関税があまりに高くて輸出できない。生糸も大打撃を受け、下落傾向にあった価格がさらに暴落していくことになります。

池上　つくっても売るところがないわけだから、価格が下がるわけですよね。

増田　シルクというのは昔から特別なもので、その価値はずっと高かった。だからその交易も盛んだったわけです。

池上　シルクロードですね。感染症もシルクロードが運んだという話は、私たちの『感染症対人類の世界史』（ポプラ新書）でお確かめください。

増田　宣伝ですか（笑）。生糸というのは、その原料である蚕《かいこ》の繭を育てるための桑畑と農家がまず必要です。そこで桑の葉をとって、蚕を育てて繭を収穫する。それを加工して糸をつくる工場とそこで働く人たち、製品化された生糸を港へ輸送する人、貿易業者に船を運行して海外に届ける運送会社と、一大事業です。当時、関東大震災で横浜港が大きな被害を受けるまで、生糸はほとんどが横浜から輸出されていました。ですから今も横浜にはシルクセンターがあって、その歴史などを紹介しています。仕事や製品というのは、そうやっていろいろな作業をする人、会社があって成り立つものですよね。

池上　どんな産業もそういった関わりがあって、雇用があります。

増田　だから価格が暴落することで、生糸に関わる人たちの生活が苦しくなると、たいへんです。

池上　日本の最大の輸出品ですからね。

増田　そうなんです。どれほど多くの人たちが関わっていたことかと。仕事がなくなる人がいれば、消費も冷え込みますから、景気はさらに悪くなります。

そして同時期、米の価格も大暴落しています。

池上　一九三〇年には、米の価格は一九二六年の半分になりました。

増田　桑を栽培して蚕を育てて繭を収穫していた農家は、繭の価格が下がった上、米の価格も下落してしまい、困窮の度合いが増していきます。

池上　北海道や東北では一九三一年と三四年にひどい凶作で飢饉《ききん》も発生しました。

増田　自分たちが食べるのにも困る状況でしたから、農村では口減らし、つまり養う家族を減らさなければなりませんでした。特に女性たちは都市へ出て、紡績工場などで働いていたのですが、生糸の価格が下落しているわけですから、そうした仕事もなくなっていきます。

池上　米や繭をつくっても収入は減り、口減らし先の都市の工場労働の仕事もなくなってしまう。東北では、たくさんの女性たちが身売りに出され、学校にお弁当を持っていけない欠食児童が増えることになります。

増田　身売りなんて、今では考えられないような悲惨な状況ですよね。余談ですが、この時代を生きた東北を代表する作家が、地元の農学校で教師をしていた宮沢賢治なんですよ。
池上　『注文の多い料理店』『銀河鉄道の夜』などの児童文学をはじめ『雨ニモマケズ』の詩はあまりにも有名だよね。
増田　心にしみる作品が多いように思います。宮沢賢治の話は、八二頁のコラムでお読み下さい。

デフレで恐慌はより深刻に

増田　話を元に戻しましょう。ものの値段が下がってしまうということは、デフレになるということですね。
池上　そうです。実際に緊縮財政によってそうなってしまいました。その結果、繭などの値段も下がり始めたんです。
増田　その上、アメリカの保護主義によって関税が上げられて、輸出でものが売れにくくなったので、生糸が国内でだぶついて、生糸も繭の値段も大幅に下がってしまったということですね。

池上　みんな、もともと不況で購買力が落ちている上に、ものの値段が下がっていく。それでもお金がないから買えない。そうすると、企業も儲からないし、給料も上がらない。さらにものの値段が下がっても買える人は少なくなり、儲からない企業はつぶれ、失業者が増えていく。逆にお金持ちにとっては、ものの値段が下がるということはお金の価値が上がるということですから、お金を使わないほうがいいわけです。資産としてお金を持っておいた方がいい。

増田　世の中にお金が回らない状態になっていくということになります。こうした状況が強まり、恐慌はより深刻になっていきます。

池上　このとき、浜口内閣は大蔵大臣の井上準之助《じゅんのすけ》に命じて金《きん》の輸出解禁に踏み切りますが、これが大失敗で、日本経済は一段と深刻になります。

増田　「金の輸出解禁」について、教科書の説明で、どれだけの生徒が理解しているのか疑問です。例えば高校での教科書採択率が圧倒的シェアを誇る山川出版社の『詳説　日本史B』には、こう書いてあります。

「財界からは、大戦後まもなく金本位制に復帰した欧米にならって、金輸出解禁を実施して為替相場を安定させ、貿易の振興をはかることをのぞむ声が高まってきた」「解禁を実施したちょうどその頃、一九二九年一〇月にニューヨークのウォール街で始まった株価暴落が世界恐慌に発展していたため、日本経済は解禁による不況とあわせて二重の打撃を受け、深刻な恐慌状態に陥った（昭和恐慌）」

これで一般の高校生が理解できるでしょうか。

池上　私も当時、「浜口内閣、金輸出解禁」と暗記したような記憶がありますが、これでは歴史は暗記科目だと思ってしまいますよね。

第二次世界大戦前まで、日本も含め世界各国は金本位制をとっていました。中央銀行が保有している金の量に見合うだけの紙幣を発行する仕組みです。紙幣には、「この券を持って来れば同額の金と交換できる」という趣旨のことが印刷されていました。兌換《だかん》紙幣です。いつでも金と交換できるから紙幣の価値が安定していました。

金本位制のもとで海外と貿易をして、日本が大量に商品を輸入すると、その分だけお金を海外に払わなければなりません。海外から「支払いは金《きん》でしてくれ」と要求されたら、金を渡さなければなりません。これが「金輸出」です。金の輸出解禁とは、要するに金本位制に復帰することです。戦争の混乱で各国とも金本位制を停止し、金の輸出を禁止していましたが、これを解禁したのです。

増田　このとき日本は輸入超過でしたから、金を解禁すると、海外から「代金を金で払え」と言われますよね。

池上　そうなると、輸入業者は、持っている紙幣を日銀に持ち込んで金に換え、その金を海外に送ります。

増田　すると、日銀が保有している金の量が減りますから、これまでのように紙幣を発行することができなくなりますね。

池上　日本国内に流通するお金の量が減りますから、景気は悪化します。

増田　今から見れば、総理大臣の浜口は国際水準に合わせて、そのとき最善と思った方法として金の輸出解禁をしようと考えたのでしょうが、政策というのは難しいですね。

池上　タイミングがとても悪かったのです。

増田　アメリカ発の株価の大暴落が世界恐慌へとつながり、それが金本位制度をとることでどこまで影響が及ぶか、予測がつかなかった。

池上　いろいろな考え方をしている人がいるし、社会の状況も変化します。まして世界とのつながりがより強くなり始めていた時代ですから、政治家や学者が考えた通りにものごとが進むわけではないのです。

増田　今回の新型コロナウイルスで、当初、中国での感染拡大がここまで広がるとは思っていなかったことと同じですね。これだけ世界で人が行き来する状況であることは多くの人がわかっているにもかかわらず、こんなにも新型コロナウイルスが広がるとは予想していませんでした。

池上　一方で今、各国が積極的な財政出動をしていますよね。これは、世界恐慌やリーマン・ショックの経験から学んだ結果です。お金をタイミングよく世の中に回さないと、人の不安は大きくなり、閉塞感が強まります。
増田　イギリスは世界恐慌による不況の影響で金本位制度を一九三一年九月に停止しています。対策をうったということですよね。
池上　ええ。そして日本にもこの人がいました。
増田　高橋是清ですね。

高橋財政による恐慌からの脱出

池上　高橋は、金解禁を実施するという井上準之助大蔵大臣に「党利党略のため、功を急いではならぬ。国家のために正しいと信ずる道を歩むことを忘れてはならない」と諭します。
増田　この不況が続いているタイミングで金解禁はすべきではないと、高橋は考えていました。一九三一年一二月、犬養毅《つよし》内閣が成立すると、高橋は五度目の大蔵大臣に就任します。高橋はすぐに、金輸出を再度禁止し、金と紙幣の兌換（交換）を停止します。金本位制を離脱したのです。

池上　このあとの歴史を見ていくと、しわ寄せが行く弱い立場の人を守る政策をきちんとうたないと、世の中に鬱憤《うっぷん》が溜まり、あらぬ方向へ進むスピードも上がってしまう危険のあることがわかります。

増田　一九三二年二月には、井上準之助が、三月には、三井合名理事長の団琢《だんたく》磨《ま》が、右翼団体の「血盟団」の団員によって殺されます。

池上　血盟団は、一人一殺を唱え、世の中を変えようと考えていました。政府や財界の要人を二〇人以上暗殺しようと企てていたことがのちにわかります。

増田　続いて五・一五事件が起こります。海軍青年将校を中心としたクーデター未遂事件ですが、犬養毅首相が暗殺されます。

池上　今、そういうことが起こると言うわけではありません。不安な社会状況が長引くと、どうしても急進的あるいは過激な人たちも出てくるし、そういう人たちを支持する人が増えてくる可能性も高まるというわけです。

増田　ドイツのメルケル首相の演説を扱った第5章でも排外主義的な主張を繰り返す政党のＡｆＤ（ドイツのための選択肢）に触れますが、今、不安や不満を抱えている人たちの憤懣《ふんまん》やるかたない気持ちを利用して、自分たちの主張への支持を集めようとする人たちもいます。そういった思いを抱えている人たちに対して、政治や社会がどうやって対応していくかが大切です。

池上　昭和恐慌の時代のテロリズムも、東北の状況や都市の失業者はじめ、いろいろとひどい状況に我慢がならず、政治家や財界人は何をしているんだと、義憤に駆られた人たちもいたと思うんです。だから、そういう義憤に駆られるような人を出す前に手をうつ必要があります。今も現状に鬱憤をもっている人が増えていますから、危険な状態ですよね。そういうことを歴史は教えてくれているんです。

歴史に何を学べるのか

池上　デフレで経済不況の中、政府が国債によってお金を調達して積極的な財政支出をし、景気が回復してくれれば、今度はインフレにならないように財政の支出を見直す。こういう考え方が、世界恐慌を経験したあとの世界では、一般的なものになりました。

増田　ケインズの財政政策ですよね。

池上　ケインズが国債発行による財政政策を説くより、高橋の実践のほうが時代が早いとも言われています。ケインズが、そういった主張をまとめた『雇用・利子および貨幣の一般理論』を公刊したのは一九三六年なんです。

増田　本にまとめる前から考え方や論文は発表していたでしょうから、本当に同時代に似たような考え方をする人が出てきたんですね。

池上　ケインズが特に注目されるようになったのは、第一次世界大戦後のパリ講和会議で、連合国による敗戦国ドイツに対しての賠償請求に反対したことです。イギリスが金本位制に復帰しようとしても反対して、管理通貨制度を主張します。

増田　高橋ととても似ています。高橋は、犬養毅内閣でも蔵相となり、金輸出の再禁止を断行し、円の金兌換を停止。金本位制を離れて管理通貨制度に移行し、通貨を増刷しました。その結果、円安となって、繊維産業を中心に輸出が増加。さらに、財源確保のために、日本で初めて赤字国債を発行した人物です。

池上　そうなんですよね。国債も償還つまりきちんと返していかないといけないと考えていたところも似ています。

増田　経済政策自体はいろいろな考え方もありますし、時代や状況、社会によってどういった対策を取ったほうがよいのかもそれぞれ違うでしょう。ですからどうしたらいいと言いきるのは難しいですけれど、恐慌の歴史から学べることはあるでしょうか。

池上　高橋が財政を担った時代と似ている長期停滞の時代があると言われています。それは、最近まで続いていました。第一次世界大戦による大戦景気がはじけ、一九二〇年から不況の時代が始まります。これに似ているのが、一九九〇年頃にそれまでふくらみ続けた資産価値が下落に転じ、平成バブルの崩壊が起こったことです。続いて、一九二七年の金融恐慌と一九九七年からの証券会社や銀行の相次ぐ倒産による金融危機。その次は、一九二九年のニューヨーク証券取引所の株価の大暴落を契機とした世界恐慌と二〇〇八年のリーマン・

ショック。

増田　そう捉えると、歴史からは嫌な道を思い浮かべることになりますが。

池上　世界恐慌のあとには第二次世界大戦が起こりますが、今度もそうなると言っているわけではありません。

増田　私が嫌だなと思っているのは、この新型コロナウイルス感染症との戦いを、「戦争」だと言って、国民に呼びかけるリーダーたちが多いことです。戦争と言ってしまうと、新型コロナウイルスで亡くなった人たちは「戦争の犠牲者」の扱いになってしまい、「戦争に犠牲はつきものだ」という風潮になりかねないことです。

池上　現にアメリカのトランプ大統領は「戦時大統領」と称し、「犠牲者を一〇万人に抑えることができた」と自慢しています。ベトナム戦争のときの米兵の死者五万人の倍以上になっているのに。その後、死者は一一万人に達しています。

増田　第二次世界大戦が終わった後は、それまでの反省から国際協調の動きが出ました。

池上　国際連合ができましたし、お金がなくなって貿易ができなくなる国が出ないように、お金を貸すＩＭＦ（国際通貨基金）もできました。貿易も保護主義はよくない、みんなで調整しようと、ＧＡＴＴ（関税及び貿易に関する一般協定）ができ、それがＷＴＯ（世界貿易機関）になりました。

増田　もちろんそれらが完璧なものだとは言いません。新型コロナウイルスの問題をめぐって今、争いも起こっています。世界の保健医療問題を解決しましょうとつくられたはずのＷＨＯ（世界保健機関）についてもさまざまな意見があります。しかし逆にそういった困難な事態があるからこそ、それを乗り越えようとしてきたのもまた人類の歴史なのではないでしょうか。

コラム●『蟹工船』が三たびベストセラーになる!?

この当時の日本の労働者の苦境を示す文学作品に小林多喜二の『蟹工船』がある。蟹工船とは、オホーツク海で操業していた船のこと。小型船がタラバガニを取り、大型の母船に持ち込んでカニの缶詰に加工する仕事をしていた。ここで働く労働者たちの苛酷な労働の様子を描き、労働者たちがやがて階級意識に目覚めてストライキをするというプロレタリア文学として知られる。作者の小林多喜二は、その後、特高（特別高等警察）によって逮捕され、取り調べ中の拷問によって殺害された。

この『蟹工船』が再評価されたのが二〇〇八年のリーマン・ショックのとき。不安定で低い給料で働かされている派遣労働者の境遇を、蟹工船で働かされていた労働者になぞらえて読む人が増え、文庫本が時ならぬベストセラーになった。この年の「新語・流行語大賞」の流行語トップ一〇にも選ばれた。今回のコロナショックで、再びベストセラーになるかもしれない。（池上）

第4章

オイルショック、リーマン・ショックという苦い経験

オイルショック――トイレットペーパー騒動が起きた

池上　今回のコロナショックは突然の出来事でしたが、突然外部からの影響を受けて日本経済が大打撃を受けるという点では、オイルショックもそれでしたね。

増田　一九七三年のオイルショックというと、トイレットペーパー騒動を思い出す人も多いのではないでしょうか。今回の新型コロナウイルスの感染が拡大し始めた頃にもスーパーマーケットにトイレットペーパーを買い求めるお客が殺到し、一時的に品不足になりましたね。

池上　当初、「使い捨てマスクと同じ紙の原料が使われている」とか「中国で生産されているから日本に入って来なくなる」とかいうデマが拡散したせいです。

増田　マスクとトイレットペーパーの原料は別のものですし、そもそもトイレットペーパーのほとんどは国産なのに。でも、「おかしいな」と思っていても、買っておかないと本当に店の棚から消えてしまいます。デマとわかっていても、行動しないと損をしてしまう。デマの恐ろしさです。

池上　実はオイルショックのときにトイレットペーパー騒動が起きたのは、都市部だけのことでした。どうしてだかわかります？

増田　水洗トイレが普及していたのは都市部だけだったからでしょう。

池上　その通りです。あの当時の日本は、ちょっと郊外に出れば、トイレは汲み取り式でした。お尻を拭くのはチリ紙。地方に行くと、古新聞を切って使っていたほどです。温水洗浄便座が普及した今の若者たちには想像できないでしょうが、古新聞のような硬い紙でお尻を拭いていたのですから、痔に悩む人も多かったんですよ。

　その点、最近の若者は温水洗浄便座に慣れていて、お尻の粘膜の鍛錬が足りないのではないか……。

増田　そういう話は本筋とは関係ありません。

池上　失礼しました。増田さんに尻ぬぐいしてもらいましたね。それはともかく、トイレットペーパー騒動が起きたのは、「トイレットペーパーがないとトイレが詰まる！」とパニックになった人たちがいたからで、下水が整備されておらず、水洗トイレがなかった地方の人たちは呆れて見ていたんですよ。

増田　それにしても、オイルショックでトイレットペーパー不足騒動というのも解せないですね。

池上　その通りです。その前月、中東の産油国が石油の価格引き上げと生産削減を発表しました。このため中東から石油が入って来なくなると、さまざまな生産がストップしてしまうのではないかという不安の中でデマが拡散したんですね。

増田　当時はトイレットペーパーを大量に買い占めたのはいいけれど、保管場所に困って押入れをいっぱいにしてしまったという家庭もありましたね。

第四次中東戦争が始まった

池上　オイルショックが起きたきっかけは、一九七三年一〇月六日、中東のエジプトとシリアがイスラエルを奇襲攻撃して第四次中東戦争が始まったことです。

増田　これは、それより六年前に起きた第三次中東戦争でイスラエルに占領された領土を取り戻そうとした、エジプトとシリアの作戦でした。奇襲攻撃だったので、当初はアラブ側が優勢に戦いを進めましたが、中盤からイスラエルが反撃に出て、結局一〇月二五日に停戦しました。このときアラブ諸国は石油を使って世界各国をけん制したんです。

池上　ＯＰＥＣ（石油輸出国機構）という名前を聞いたことのある人は多いでしょうが、ＯＰＥＣのアラブ版であるＯＡＰＥＣ（アラブ石油輸出国機構）という組織もあって、ここに加盟しているアラブの一〇か国が、「イスラエルを援助しているアメリカとオランダには石油を売らない。それ以外のイスラエルを支持している国には売る石油の量を減らす。アラブの味方をする国には、これまで通りに石油を売る」と宣言したのです。

増田　日本はビックリしたでしょうね。それまで日本の政治家は中東問題には関心がありませんでしたからね。日本はアラブともイスラエルともいい関係にあったのに、アラブの産油国に「我々の味方をするか、イスラエルの味方をするか」と問い詰められたのですから、困りました。

池上　日本が輸入していた原油の値段は、前年の一九七二年の平均が一バレル（約一五九リットル）二・六ドルだったのが、一九七四年には一一・五ドルになりました。

増田　実に四倍以上の値上がりです。日本のエネルギーは石油に大きく頼り、日本で消費する石油の九九％を輸入に頼っていましたから、大変なショックです。

池上　まさに〝油断〟していたのですね。『油断！』とは、通産省の官僚の覆面作家だった堺屋太一が書いた小説のタイトルでもあります。「油が断たれる」ことを考えずに油断していたというわけです。

増田　中東から輸入された原油は、日本国内で精製されて、ガソリン、灯油、重油などの燃料になるだけではありません。プラスチック製品をはじめ合成洗剤なども石油製品です。農業も化学肥料は石油製品ですし、温室栽培の暖房には重油が使われています。これらがすべて値上がりしたら、日本経済は大打撃です。七四年二月の卸売物価指数つまり商品などが小売店に売り渡されるときの価格の上昇率は三七％という高い数字を記録しました。当時は「狂乱物価」と呼ばれました。

池上　これではとても生活できないと、労働組合は賃金引き上げを求めて相次いでストライキに入りました。今の日本ではなかなか見ませんが、バスや鉄道の労働組合がストライキに入り、電車が止まったものです。

増田　重油の値段が上がったため、火力発電所のコストも上昇。電気代は高くなるし、重油が入ってこなくなるかもしれないから節電しようと、渋谷や銀座のネオンサインが消え、テレビの深夜放送も自粛されました。会社の廊下の蛍光灯も点いているのはごくわずか。暗い日々でした。

東日本大震災の直後も東京の繁華街のネオンが消えましたが、同じようなことが起きていたのです。

池上　当初は中東情勢に無関心だった日本政府も、次第にアラブ寄りに外交方針を変えていきます。この様子を当時のメディアは「アラブ寄りというよりはアブラ寄り」と揶揄《やゆ》したものです。

増田　うまい（笑）。と笑っている場合ではないですね。その後も日本は中東についての関心が薄いのが気になります。

省エネに舵を切った日本

池上　第四次中東戦争は早期に停戦になりますが、これ以降、中東から輸入する原油価格は次第に上がっていくようになります。安価な石油に頼れなくなった日本企業は、石油の消費量を削減する技術に取り組みます。いわゆる省エネです。

増田　小型で燃費のいい日本製自動車の評判が高まり、日本車が世界で売れるようになったのも、これ以降です。省エネを徹底すると、工場での生産コストも低く抑えられますし、効率も高くなる。日本製品が世界を席捲《せっけん》するようになりました。

オイルショックで日本経済は打撃を受けましたが、災い転じて福となす。まさに日本はショックを契機に大きく変身し、その後の経済成長につながります。今回のようなショックは、これまでもたびたび経験してきたんです。

次に、リーマン・ショックについてみてみましょう。

社員は段ボール箱を持って退社

増田　今回のコロナショックで企業倒産増加や雇用情勢の悪化で失業者が大量に生まれると、「リーマン・ショック以来の不況」という言葉も頻繁に聞かれるようになりました。リーマン・ショックが起きたのは二〇〇八年九月のこと。既に一二年も前のことです。今の二〇代の人にとっては小学生か中学生の頃の話。名前しか知らないという人も多いことでしょう。

池上　その一方で、ニュースを伝えたり解説したりしている人にとっては、今も記憶に新しい出来事なんだよね。この人たちは、リーマン・ショックのことなどみんな知っているだろうと思い込み、いちいち解説をしません。結局、「リーマン・ショック以来の不況になるぞ」と言われてもピンと来ないという人が大勢いるのです。

そこで、ここで改めてリーマン・ショックとは何だったのかを振り返ってみましょう。要は住宅バブルの崩壊に伴う金融不安が、世界的な規模で恐慌を引き起こしたのです。

住宅バブルの崩壊といえば、一九二九年のニューヨーク株式市場の大暴落の前にも住宅バブルの崩壊がありました。まさに「歴史は繰り返す」のです。

増田　二〇〇八年九月一五日、アメリカ・ニューヨークに本社を置く大手投資銀行リーマン・ブラザーズが、連邦倒産法の適用を申請して倒産しました。

池上　投資銀行というのは日本には存在しません。日本でいえば銀行と証券会社の中間のような存在ですね。一般の銀行は預金者からお金を預かりますが、投資銀行は預金を扱いません。社債を発行するなど自分の才覚で資金を集めて投資する仕事をしているので、日本のメディアでは、そのまま「投資銀行」と表記したり、日本風に「証券会社」と言い換えたりしています。

増田　リーマン・ブラザーズの本社は、マンハッタンのタイムズスクエアに面した一等地にあったんですよね。リーマン・ブラザーズ倒産のニュースでは、段ボール箱を抱えた社員たちが本社の玄関から次々に出て来る映像が流れました。あの段ボール箱の中身は何だったのか、気になりました。

池上　あれは社員の私物が入っていました。それも自分で整理したのではなく、会社の警備員が集めて入れたものです。

アメリカの投資銀行というのは非情です。仕事ができないと上司に判断されると、簡単に解雇されます。日本の会社のような人事部が一括して採用や解雇を決めるようなことはなく、部門ごとに人材が必要なら個別に採用し、成果を上げられなければ容赦なく解雇を言い渡すという世界です。

増田　アメリカの投資銀行というと、年収が数千万円から億単位と言われていますが、それだけに天国と地獄を味わうんですね。

池上　そうなんですよ。解雇の言い渡しは、ある日突然やってきます。自分の机で仕事をしていた社員が上司に呼ばれるんです。アメリカの会社は日本のような大部屋での仕事ではなく、課長級や部長級の上司は、みんな個室を持っています。そこに呼ばれ、「今日で君を解雇する」と言い渡されるのです。

解雇を言い渡された人は、自分の机に戻ることが許されません。「君の私物は段ボール箱に詰めて渡すから、それを持って出ていきたまえ」と言われ、さっさと追い出されるのです。

増田 なんと冷酷な。私だったら堪えられません。

池上 私だって堪えられないですよ。解雇を言い渡された社員が上司の部屋に行っている間に、その人の机には、会社の警備員がやってきて、机周りの私物を段ボール箱に詰め始めます。それを見た同僚たちは、「ああ、あの人は解雇されたのか」と知るというわけです。

増田 辞める同僚を仲間が職場から送り出すという光景はないのですね。なぜ、こんな非情なシステムなんですか。

池上 それは以前、リーマン・ブラザーズではない別の会社ですが、解雇を言い渡された社員が激怒して自分の机に戻り、会社のコンピューターにアクセス

リーマン・ブラザーズ本社から出てくる社員。
（ロイター／アフロ）

して社内のネットワークシステムに被害を与えたことがあったからです。このことが知れ渡って以降、解雇を言い渡された人物が机を離れた途端に警備員が私物を回収。本人が会社のコンピューターにアクセスできないようにアカウントを閉鎖するという措置が取られるのです。

増田　だからリーマン・ブラザーズの社員たちは段ボール箱を抱えていたんですね。

金融界にショックを与えた

池上　リーマン・ブラザーズは、アメリカ第四位の規模を持つ名門でした。この倒産は、金融界に大きな衝撃を与え、「リーマン・ショック」と呼ばれる事態を引き起こしました。

増田　これだけ巨大な投資銀行が破綻に追い込まれるのであれば、他の金融機関も倒産してしまうのではないかという不安が広がりますよね。

池上　まったく、その通りですよね。実は金融機関同士は、ふだん急に必要になったお金を気軽に貸し借りするという仕組みを持っています。銀行というと、金庫に多額のお金を貯めているイメージですが、実際にはいろんなところに貸し出していて、大口の預金者が急に「明日、一〇億円引き出すので、よろしく」なんて言ってくると、対応できない。そこで他の銀行からお金を借りるのです。この貸し借りの仕組みを「コール市場」と言います。「おーい、貸した金を返してくれー」と呼べば（コール・call）返してくれる、というので、この名称があります。アメリカにも日本にも、この仕組みがあります。金融機関同士ですから信用があり、担保なしで貸し借りしています。

増田　でも、担保なしでうっかり金を貸したら、リーマン・ブラザーズのように倒産して、貸した金が戻ってこないのではないかという不安が広がりますよね。金融機関相互が不信に陥って、貸し渋りが一斉に発生したのですね。あのときは、この不信がアメリカからヨーロッパ、日本にも飛び火しました。世界中で金融機能がマヒしました。これがリーマン・ショックですね。

貸し渋りから自動車が売れなくなった

池上　アメリカの金融機関は、お金を貸すことに臆病になります。預金者から預かった金は、大事に保管し、貸し出しを一時停止しました。その結果、自動車ローンですら借りられなくなったのです。

増田　アメリカは自動車社会。自動車を買い替えるときに気軽に自動車ローンを組みますが、それが借りられないとなると、「まあ、今の車でしばらく我慢するか」となりますよね。自動車の売れ行きがパタッと止まれば、日本の自動車産業にも大打撃です。

最初は金融不安から始まったものが、ものづくりという製造業にまで悪影響を与えたんですね。これでは大変な不況になります。

これが日本で年越し派遣村が生まれるきっかけになったんですね。

日本で年越し派遣村が生まれた

池上　派遣労働は、最初はコンピュータープログラマーなど特殊な技術を持った人に限られていたのですが、小泉内閣の時代に、工場労働にも派遣労働が認められるようになり、自動車工場で大勢の派遣労働者が働いていました。

増田　派遣労働者に解雇を言い渡すのは簡単ですよね。その労働者と、労働者が働いている会社とは雇用契約を結んでいるわけではありません。派遣会社に対して、「派遣契約が期限を迎えたから契約を終了するよ」と通告するだけでいいんです。派遣労働者は、突然仕事を失います。

池上　自動車工場で働く派遣労働者について、自動車会社は住むアパートを用意しています。派遣が終わった途端、「アパートから出てください」と通告されるわけです。

増田　その結果、二〇〇八年一二月になって、大勢の失業者が住む場所もない状態になったんですね。こういう人たちを助けようと、ボランティアの人たちが、東京の日比谷公園の中にテントを張り、炊き出しをしました。都心にテント村ができる。まさか現代の日本でこんなことが、と驚いたのを覚えています。

リーマン・ブラザーズが倒産すると日比谷公園に派遣村ができる。グローバルな世界経済ではこんなことが起きるのだと痛感しました。

住宅ブームを生んだサブプライムローン

池上　リーマン・ブラザーズを倒産に追い込んだのは、「サブプライムローン」の証券化という手法でした。「プライムローン」というのは優良ローン。つまり銀行がお金を貸しても、必ず返済してくれるお客には、金利を優遇します、というのがプライムローンです。

増田　サブプライムローンの「サブ」とは、二番目とか下位とかいう意味ですから、要するに「優良ローン」ほど金利を優遇しません、という意味ですね。

池上　安定した収入のある人には優遇金利を適用するけれど、パートやアルバイトで安定した収入のない人には、金利を高くして貸し出そうというのがサブプライムローンです。

増田　イメージとしては日本の消費者金融に似ていますね。すぐにお金を貸してくれるけれど、その分、金利が高い。

池上　金利が高いのは、借りた金を返せない人が一定程度出ることをあらかじめ想定し、その分、他の人から高い金利をとって穴埋めしているからです。

増田　お金を借りた人は、お金を返せない人の分まで利子を払っているんですね。

池上　気軽に借りられるけれど、金利が高い。注意が必要なんですが、アメリカの住宅金融会社は、データを蓄積していて、どれくらいの金利で貸し出せば損をしないで済むかを計算していました。これがサブプライムローンです。

増田　これは、定職に就いていないけどマイホームをもちたいという人には朗報だったのですね。

池上　そうなんです。通常の住宅ローンに比べて金利が高く、返済は容易ではないのですが、このローンを利用すればマイホームがもてる、ということになって、これまでマイホームを諦めていた人たちが、どっとマイホームをもつようになります。

増田　そうなれば、住宅ブームが起きますね。住宅ブームで地価が上がれば、住宅の担保価値も上がる。お金を返せない人が出れば、担保にしていた住宅を取り上げて転売すればいい。これなら住宅金融会社は安心してドンドンお金を貸しますね。

でも、住宅ローンを借りる側は、「自分の収入が途絶えたらローンが返済できなくなる」という心配を持たなかったんですか。

池上 いい質問ですね！

増田 こんなところで、そんな決まり文句を言わなくてもいいです（笑）。

池上 失礼。アメリカでは、日本と異なり、住宅ローンを返済できなくなった場合、担保となっている住宅を手放せば、それでおしまい。ローン返済の義務がなくなるんです。

日本だと、担保の住宅を取られてもローンの返済は続く……ということがあるので、住宅ローンを借りるには、ちょっとした勇気がいるものなのですが、アメリカには、そんな心配がないんですね。

増田 だから住宅ブームが起きたんですね。でも、それだとお金を貸した側が、担保を取り上げるだけで大丈夫と思うのでしょうか。

池上　そこなんですね。住宅金融会社も、少しでもリスクを軽減しようと考えます。では、どうするか。リスクは他人に押し付ける、という大原則です。

増田　なんということを！　リスクを他の会社に押し付けるんですね。

債権を売買し、それを証券化

池上　サブプライムローンにも、貸したお金を返してもらえなくなるリスクがありますから、住宅金融会社は、リスクを減らすため、住宅ローンの債権、つまりお金を返してもらう権利を投資銀行に売却したんです。

住宅の売買ではなく、「貸したお金を返してもらう権利」を売買する。この権利を買った投資銀行は、今度は住宅金融会社に代わって住宅ローンの返済を求めることができます。

住宅金融会社は、投資銀行に債権を売って得たお金を、マイホームを買いたい人に貸す。すると、また債権を得られる。この債権を投資銀行に売る。得られたお金をマイホームが欲しい人に貸す。すると……。

増田　こんなことを繰り返していると、住宅ローンとして貸し出すことができるお金が住宅金融会社にドンドン入ってきますから、住宅ブームが持続しますね。

でも、投資銀行にしても、債権を持っていると、貸したお金を返してもらえなくなるリスクを背負い込みますよね。どうするんですか？　リスクを、また別の会社に押し付けるとか？

池上　その通りです。投資銀行は、この債権を担保にして証券を発行します。これを「債権の証券化」といいます。要は、新しい金融商品です。債権という抽象的な権利を、具体的な金融商品に仕立てて売るんです。「この金融商品を買って持っていると、高い金利が得られますよ」とセールスして、お客に買ってもらうのです。つまりは、リスクをお客に押し付けているんです。

増田　そもそもサブプライムローンは普通の金利より高いですから、この金融商品も金利が高いというわけですね。これなら喜んで買うお客がいそうです。

私は買いませんが。いや、そもそもそんなお金はありませんけど。
でも、結局、この金融商品を買った客がリスクを背負い込んだことになりますよね。もし住宅ブームが終わったら、周り周って、この金融商品も危うくなりませんか。

混ぜれば安全!?

池上　そうなんですよ。アメリカの金融業界は、さらにリスクを軽減する手法を編み出しました。債権を証券化して生み出した新しい金融商品を買い込んだのも別の投資銀行です。そこで別の投資銀行は、「混ぜれば安全」という手法を編み出すのです。
増田　トイレや浴室の掃除で塩素系漂白剤と酸性の洗剤を同時に使うと有害なガスが発生することがある。死亡事故が起きてそれがわかったとき、漂白剤の容器に「混ぜるな危険」という表示が書かれましたよね。その逆ですね。
池上　トイレ洗浄剤が登場しましたか。そうなんですよ。住宅ローンの債権を基にした金融商品は、住宅ブームが去ったら、単なる紙くずになってしまうリスクがある。そこで、まったく別のローンの債権を担保にした金融商品や、優良企業が発行した社債など、リスクの少ない金融商品を全部束ねて、まったく新しい金融商品を仕立て上げ、それを小分けして販売するようになったのです。これなら万一、住宅ローンの債権の価値が下がっても、別の債権や社債があるから、全体として価値は大きく下がらないだろう。こういうリスク管理をしたのです。リーマン・ブラザーズは、この金融商品の売買で多額の利益を上げていました。

増田　つまり、Aという商品一〇〇とBという商品一〇〇、Cという商品一〇〇を全部足し合わせて、計三〇〇のDという商品を作り上げ、それを小分けにして売ったのですね。すると、買った客は、この金融商品の基は何か、すぐにはわかりませんね。買う側は怖くないんですか。

池上　増田さんは慎重ですねえ。増田さんみたいな客を安心させるために、さらにもうひと工夫がされました。それが格付けです。

格付け会社がAAAを付けた

増田　AAA（トリプルA）とかBB（ダブルB）とかランクをつける手法ですね。

池上　スタンダード＆プアーズやムーディーズ、フィッチなどの会社が格付け会社として有名です。日本にも格付け会社はありますが、投資銀行が売り出す金融商品の安全度をAやB、Cなどで表すんです。AAA（トリプルA）なら絶対安全ですよ、というお墨付きを与えてくれるんです。ランク付けして投資銀行から手数料を受け取ります。格付け会社は、「混ぜれば安全」と考え、こうした金融商品にAAAをつけました。

増田　でも、格付け会社だって民間ですよね。もし格付けが間違っていたら、どうするんですか。

池上　本当に慎重ですね。住宅ブームが去って、つまり住宅バブルがはじけて、こうした金融商品の価値が暴落したとき、格付け会社の社長がアメリカの議会に呼び出されて責任を追及されました。そうしたら社長は、「格付けは、当社としての見解を公表しただけで、それをどう受け止めるかは、買った側の自己責任です」と言ったんです。

増田　言論の自由がありますからねえ。これでは格付け会社の格付けが必要ですね。

そしてバブルがはじけ……

池上　ブームはいつかは去り、バブルはいつかは、はじける。それが二〇〇七年に起きました。住宅価格は急降下。担保価値は減り、住宅ローンの債権価格も下落。AAAの格付けで売り出した金融商品に値段がつかなくなってしまいました。

住宅ローンを担保にしただけの単純な金融商品だったら、どれだけ損をしたか計算は簡単ですよね。

増田　でも、「混ぜれば安全」とばかり、さまざまな金融商品の塊だったから、どれだけ損をしたか、すぐには判明しない……。

池上　ＡＡＡがついていたはずの金融商品の値段がどこまで下がったかわからない。あそこの投資銀行は、これで大損したらしい。そんな噂が飛び交い、お金の流れはストップ。リーマン・ブラザーズは住宅ローン担保の金融商品を大量に抱えて大損害を出し、「リーマン・ブラザーズが損害を出したらしい」という情報が駆け巡ると、どこもリーマン・ブラザーズに資金を貸してくれない。一般の銀行なら預金者の預金がありますが、投資銀行には預金はなく、自分の才覚でお金を借りてこなければなりません。しかし、それができなくなった。遂に行き詰まって倒産に追い込まれたのです。

共和党から民主党へ

増田　二〇〇八年といえば、アメリカ大統領選挙の年。共和党のジョージ・Ｗ・ブッシュ大統領は、この金融不安を解消することができませんでしたね。まるで一九二九年から一九三〇年にかけての共和党のフーバー大統領のようだと言われました。そこで、フーバー大統領の後に民主党のルーズベルト大統領が選ばれたように、アメリカ国民は民主党のバラク・オバマを大統領に選んだんですね。現代版ルーズベルトでした。

池上　オバマ大統領は、大統領に就任すると、かつてルーズベルト大統領が採用した「ニューディール政策」の現代版である「グリーン・ニューディール政策」を採用します。特に環境産業を中心に経済の振興を図る対策に乗り出しました。

増田　アメリカが、やっと地球環境の保護に乗り出したと、当時は大きな期待を持ちました。トランプ政権になって、全部否定されてしまいますが。

池上　さらにアメリカを代表する大手自動車会社GMの破綻を国家の手で再建させます。「小さな政府」路線の共和党政権だったら絶対に採用しない手法ですよね。

二〇〇九年二月に打ち出した景気対策は、七八七〇億ドル（当時の日本円では約七七兆円）という巨額なものでした。個人減税や医療補助、失業対策、公共事業投資など、あらゆる対策が打ち出されました。

増田　オバマ大統領の奮闘で、アメリカの景気は少しずつ回復します。オバマ大統領の政策は、同じ民主党だったルーズベルト大統領をとても意識したものでした。

金融機関への規制強化へ

池上　金融危機が沈静化すると、アメリカの金融機関は、再び多額の利益を上げるようになりました。とりわけリーマン・ブラザーズというライバルがいなくなったゴールドマン・サックスは、多額の利益を計上。二〇〇九年の全社員の平均報酬が日本円にして四五〇〇万円にも上りました。

増田　なんですか、この強欲ぶりは。全社員の平均でしょう。若手社員の給料は低いでしょうから、億を超える報酬を受け取った社員が大勢いるんですね。

池上　これにはアメリカの世論が怒りましたね。こうした世論の反発を背景に、二〇一〇年一月、オバマ政権は、金融機関への規制の強化を打ち出しました。一般の銀行が自己資金でリスクの高い投資をできなくしたのです。

もともとアメリカには、一九三〇年代の世界恐慌を教訓にして、銀行業務と証券業務を兼営できないように、両者の垣根を厳格に分けるグラス・スティーガル法が制定され、銀行がリスクの高い投資をできないようにしてきました。グラス・スティーガル法は、法案を共同提案した二人の連邦議会議員の名前です。

ところが、一九八〇年代以降、金融業務の規制緩和が進み、クリントン政権時の一九九九年には、この法律が撤廃されてしまいました。それが、この危機を生んだというわけです。

増田　せっかく世界恐慌の教訓に学んで対策を取ったのに、時間が経つと、教訓を忘れてしまう人が多いのですね。

第5章 危機の時代のリーダーとは――メルケル首相の言葉の背後に見えるもの

生活感にあふれる言葉で伝える

池上　アメリカのトランプ大統領が、新型コロナウイルス感染症をめぐり、ことあるごとに中国を攻撃しています。彼がまったく歴史から学んでいないことがよくわかります。

増田　世界的なパンデミックに協調して対策を取るべきときなんですけれどね。今後、経済が悪化する可能性は高いわけですから、世界の経済を牽引しているアメリカと中国が争っている場合ではありません。

池上　溝を深めるようなことばかりをトランプ大統領は繰り返しています。ただ、中国も新型コロナウイルスの封じ込めに他の国より早く成功したことで、先に経済を立て直し、優位に立とうとしています。マスク外交として、実際にマスクを各国に配ったり、医療支援をしたりしていますが、フランスなどの新型コロナウイルス対応を批判して、互いに抗議し合うような状況になっています。結局、国際的には、ワクチン開発はもちろん、今後の不況対策に向けて協力し合わなければならないはずなのに、このコロナショック以前から強まり始めていた、自国第一主義的な流れが強まる可能性もあります。

増田　そんな中、政策や国民に向けての情報発信など、うまくこの状況に対応しているのは、女性のリーダーのほうが多いですね。

池上　政治家の資質は本来性別と関係ないのでしょうけれど、実際にそうなっています。

増田　フィンランドのマリン首相、デンマークのフレデリクセン首相、ノルウェーのソールバルグ首相、アイスランドのヤコブスドッティル首相、ニュージーランドのアーダーン首相、台湾の蔡英文《さいえいぶん》総統。そしてドイツのメルケル首相。マリンさんもアーダーンさんもネットで会見を続けていますし、ソールバルグさんは子どもに向けた会見も開きました。フレデリクセンさんは、自宅で皿洗いしながら歌ったりする動画を公開したりしています。

一国の代表であるとともにこのコロナ禍においては、一人の人間として、国民の皆さんと同じように自粛生活を過ごしていると伝えました。

池上　生活感があふれていますね。

増田　ヤコブスドッティルさんは、症状がない人にもウイルス検査を行い、蔡英文さんは科学的なデータに基づいた対策と情報公開を徹底したことで国民からの高い支持を得て、感染の封じ込めに成功しました。

池上　客観的なデータを用いて新型コロナウイルスについて説明し、どうしてこういった対策を取るのか、冷静でいながら、国民、特に弱者に寄り添う姿勢を打ち出しているところが共通していて特徴的です。

移動の自由が制限される痛みがわかっている

増田　メルケルさんの次に紹介する演説は感動的でした。

「次の点はしかしぜひお伝えしたい。こうした制約は、渡航や移動の自由が苦難の末に勝ち取られた権利であるという経験をしてきた私のような人間にとり、絶対的な必要性がなければ正当化し得ないものなのです。民主主義においては、決して安易に決めてはならず、決めるのであればあくまでも一時的なものにとどめるべきです。しかし今は、命を救うためには避けられないことなのです」

池上　これは、ドイツが二〇二〇年三月に新型コロナウイルスの感染拡大を抑えるためロックダウンするにあたり、メルケル首相が国民に向けて演説した内容です。不況に対する経済対策というわけではないのですが、補償の問題にも触れ、経済に対する取り組みも行うことが明言されています。

日本では法的にロックダウンはできませんから、「自粛要請」という奇妙な言葉になってしまうのですけれど、大きな差があるように思います。メルケルさんは、ロックダウン、ここでは都市封鎖ですが、強制的な対策を打ち出すにあたり、自身の出自や経験なども含めながら、民主主義の重要性を踏まえ、科学的なデータから、なぜこういう政策を行うのか、丁寧に説明しています。民主主義という言葉を何度も使っているところがとても印象に残りました。

増田　メルケルさんは、東西にドイツが分裂していた当時の東ドイツで育ちましたから、移動の自由が制限された暮らしをしたことがあります。ですから民主主義や自由というものの大切さを身にしみてわかっているし、その経歴を知っているドイツの人たち、また同じような経験をしてきた人たちにとってもすごくよくその思いが伝わると思うんです。

池上　そして、「劇場、映画館、店舗は閉まっています」（巻末②参照）と触れます。こういう文化的なことが当たり前にあるはずの生活が今はできていないことをさらりと言うんです。それも真っ先に「劇場」を挙げたところに、文化的素養を感じます。

増田　ドイツの文化担当大臣は、「芸術は生命維持に不可欠」という主旨の発言をし、アーティストに対して最大九〇〇〇ユーロ（およそ一〇五万円）の休業手当を支給しています。ドイツ国民でなくとも、ドイツに拠点をおいて活動をしていて、納税証明書さえあれば、たとえ日本人のような外国人に対しても、一時金として五〇万円程度のお金が即座に振り込まれたそうです。文化が自分たちの暮らしにとって欠かせないもので、大切だと思っていることがこういうところににじみ出ていると思いました。

池上　アーティストに対しての補償もドイツはしっかりしているんですよね。

増田　何が自分たちにとって大切かがわかるし、その大切なことを守るために、今の状況にどういう対策を、なぜとるのかが、よく伝わってきます。

池上　医療従事者への感謝だけでなく、「スーパーのレジ係や商品棚の補充担当」として働いている人たちへも感謝している。ここには生活感があるし、日本の政治家とはすごく違うなと感じました。新型コロナウイルスの感染が広がる中でも生活が成り立っているのは、そうした仕事を続けてくれる人たちがいるからだということに気づかせてくれます。この人たち、首相演説を聞いて感激しただろうなあと思います。

増田　メルケルさんは、普段からスーパーマーケットに通っているそうなんです。SPが警護をしてはいるのですけれど、自分でレジに並んで買い物をしています。

池上　新型コロナウイルス対策を担当している西村康稔経済再生大臣は、都内のスーパーマーケットにSPをぞろぞろ連れて視察に行くだけだからなあ。

メルケルさんが、「ストックの買い置きが有意義であるのは、何も今に始まったことではありません」というのも、自分で生活必需品の買い物しているからこそ出てくる言葉だと思うんです。「しかしそれは、節度を守ってこそ」というのも、今の状況では買い占めになってしまい、それは「他者への配慮に欠ける行為」になってしまうと。人の気持ちがよくわかる人だなあと思うんです。

池上　普段であれば、買い物するとき、買い置きしてしまいがちですよね。ましてや、こんな状況ですからどうしても買いだめしたい思いは出てきます。

増田　その思いはわかるけど、ストックは十分あるので、他の人とわけ合いましょうと。

池上　メルケルさん自身が忙しい合間に買い物していて、普段は買い置きしているからこそ思いつく話なんですよね。

増田　メルケルさんが、日頃からスーパーマーケットに買い物に行っているということを知ったのは、二〇一七年九月に行われたドイツ総選挙の取材でした。ベルリンの中心地にある、フンボルト大学の投票所に夫とともに現れたメルケルさんは、とても上品で柔和な印象のステキな女性だったんです。

メルケル首相の投票風景。投票所は首相の自宅近くのフンボルト大学だった。行きつけのスーパーマーケットもこの近く。2017 年 9 月、ドイツ総選挙の取材にて。（写真提供：増田ユリヤ）

池上　テレビのニュースで見るメルケルさんは、どちらかというと生真面目な印象で、難しい表情をしていることも多いけれど、間近で見ると違うんだね。

増田　ドイツという大国を担う立場にありながら、気取った様子もなく、親しみやすい雰囲気で、大勢の取材陣が構えたカメラに向かって微笑みながら一票を投じていました。投票を終えると、夫を置き去りにしてさっさと帰ってしまったのがご愛敬でしたが（笑）。それ以来、すっかりメルケルさんのファンになってしまいました。

「政策決定過程は透明にします」

増田　メルケルさんは、「開かれた民主主義のもとでは、政治において下される決定の透明性を確保し、説明を尽くすことが必要です」（巻末三段落め参照）と述べています。政策決定までのプロセスを開示する姿勢がよく表れています。

池上　今、安倍政権に最も欠けているものでしょう。丁寧に根拠を説明するということです。例えば今回、当初、収入が減った世帯に対して三〇万円の支給をする対策が発表されました。それが、全国民に一律一〇万円を支給すると、あっという間に変更されました。

増田　どういう根拠でそういう政策が決められ、それが変更されたか、よくわかりませんよね。説明も、世帯への三〇万円の支給の条件がわかりにくいから、といったものでしたけれど。

池上　政策を考えた側もよくわかっていないのではないかと思います。当初の所得が減った世帯への三〇万円の給付は、どちらかというと、社会保障の側面が強かったと思うんです。しかし一律一〇万円は、景気対策です。収入が減っている人にとっては、一〇万円ではたいした効果はないかもしれませんからね。もちろん収入が減って困っている人は、すぐに使うことになるでしょうし、もしそんなに困っていない人でも、自分が住んでいる地域や懇意にしているお店など、売り上げが落ち込んでいるようなところで積極的にそのお金を使ってくれれば、景気対策になります。それならそれで、そういったアナウンスをすべきなのに、世帯への三〇万円の給付はわかりにくいので、個人に一〇万円配ることにしました、では、どういう意図の政策なのかわかりにくいですよね。

増田　政策を立てる側が、どういう人たちに、どういう対策をするか、軸が定まっていないから、そうなるのだと思います。収入が減った世帯にお金を渡さないと、ということで対策を考えてみたものの、世帯主の収入が減った場合に限っていたり、条件もわかりにくい内容だったりした。それで批判されて、世論も動いた結果、代案を考えてみたけれど、目的についてうまく説明できないまま、なんとなく決まって、受け取る側もよくわからないまま、踊らされていたりする。それが日本の状況です。

池上　ドイツとは大違いです。今後の日本の経済対策もどういう意図を持ったものになるか、きちんと見ていかないとね。

増田　メルケルさんの演説は、誰に向けて、どういう考えで政策を決め、実行しようとしているか、きちんと自分たちの姿勢を説明してくれるんです。それはお金のことに限らず、「なかでも最もつらいのはおそらく、これまで当たり前だった人と人の付き合いができなくなっていることでしょう」（巻末二段落め参照）と、つらいことが何かといった点にまで触れてくれる。また、「単なる抽象的な統計数字で済む話ではありません」と、患者が増え、医療が対処できなくなってしまうと、被害が拡大してしまう。だから、ロックダウンをする。みなさんが家にいてくれることが、それを防ぐ方法だと伝える。

池上　その被害は、「単なる抽象的な統計数字」ではなく、「一つひとつの命、一人ひとりの人間」であり、「ある人の父親であったり、祖父、母親、祖母、あるいはパートナーであったりする、実際の人間」だと。

増田　すごく具体的にイメージができるんです。その「ある人」が自分である可能性だってあるわけですし、もしかしたら自分自身が危険な場合だってあり得ると、すっと思い至ります。

池上　死者が当初の予測より減ったのはオレの功績だなんて自慢していたトランプ大統領とは大違いです。

増田　国民に寄り添ってくれる感覚が強くあります。ドイツには、ナチス・ドイツの時代がありますから、政府が人々の行動を制限して自由を奪うようなことをしてはいけないと、人権を尊重する考え方が根づいています。

しかし、行動制限がよくないことはわかっているけれど、感染症の流行に際して、科学的な根拠を示し、このような状況だからこういう政策を実施すると、自分の言葉を使って説明します。そのメルケルさんの姿勢に感動するんです。

池上　メルケルさんは、「民主主義」と何度も言います。東ドイツで育ち、「渡航や移動の自由が苦難の末に勝ち取られた権利であるという経験をしてきた私のような人間」であるメルケルさんにとって、民主主義はとても大切なんですね。その民主主義において、移動の自由を制限するのは、「命を救うため」であると。

ついては、政策決定過程は透明にして、「できるだけ説得力ある形でその根拠を説明し、発信し、理解してもらえるようにする」というのです。そして、もし「新たな手段をとる場合には、その都度説明を行っていきます」とまで言っています。翻《ひるがえ》って、日本の現状はどうでしょう。

増田　例えば、感染症の専門家会議が頻繁に開かれていますが、この会議の議事録がつくられてない！　その事実を知ったときには、言葉を失いました。感染症対策を今後も継続していくために、これほど大事なことはないのに、公文書管理のガイドラインが定める「政策の決定または了解を行わない会議等」に該当すると菅官房長官が主張したんです。

池上　専門家会議は「政策の決定または了解を行わない会議等」だから、議事録を作成する必要がない。発言者が特定されない「議事要旨」を作成、公表しているから「ガイドラインに沿って適切に記録を作成している」ということになるという理屈なんだよね。明らかに責任逃れではないか、と呆れるしかなかった。

増田　発言者が特定されると困ることがあるのかと、疑いたくもなりますよね。

池上　実は専門家会議の尾身茂副座長は五月二九日の記者会見で、この日の会議でメンバーから発言者の記載がある議事録の作成を求める声があったことを紹介している。専門家会議のメンバーが名前を公開してくれといっているのに、それをしない。ますます怪しくなるよね。

私も過去に文部科学省になる前の文部省を取材していたことがあって、非公開の議事録を入手したことがあります。「議事要旨」は発表されているけれど、議事録は非公開。よく読んでいくと、当局に都合の悪い発言は、議事要旨では注意深く削除されていた。

増田　今回も同様のことが起きているのではないかという疑惑が生まれますよね。結局その後、「議事要旨」に発言者がわかるように記載することになりましたが、それでも議事録は作成しない。中途半端で言い訳めいた対応だと思ってしまいました。これだけの緊急事態。後になって、当時の判断が正しかったかどうかを検証できなければ、歴史に対する責任感が欠如しているとしか言いようがありません。

池上　それだけじゃない。今回の新型コロナウイルスによる緊急経済対策で、さまざまな支援金や助成金の制度がつくられ、このうち持続化給付金の業務が経済産業省から「一般社団法人サービスデザイン推進協議会」という民間団体に七六九億円で委託された。こんな団体は初耳だけど、業務の大部分が七四九億円で電通に再委託されているというじゃないか（「朝日新聞」二〇二〇年五月三〇日）。つまりこの団体が差額の二〇億円をピンハネしている計算だ。それなら最初から電通に委託すれば税金二〇億円を節約できたはずなのに。

増田　私たちの巨額の税金が使われるというのに、民間団体や電通が選ばれた理由や委託費の金額についての説明は一切ない。でも、事業を担当する経済産業省は「問題はない」なんて、全然納得がいかないですよね。

池上　これだから国民は政府を信用しなくなる。

東ドイツが生まれた背景に世界恐慌が

増田　ドイツの話に戻りましょう。メルケルさんが育った東ドイツが生まれた背景にあるのが、実は世界恐慌なんです。もっと言ってしまうと、世界恐慌によってヒトラー政権が誕生したんですよね。

池上　そうですよね。ではまず、どうしてドイツが東と西に分断されたのか。それは、第二次世界大戦での敗戦の結果です。

増田　どうしてドイツが第二次世界大戦を戦い、敗れたのか。さらにさかのぼって、第一次世界大戦にドイツが敗戦したところから話を始めましょう。
池上　ドイツ帝国では、一九一四年に勃発《ぼっぱつ》した第一次世界大戦の最中に革命が起こるんですよね。
増田　そうです。当時のドイツのリーダーは、皇帝のヴィルヘルム二世。民主化を求める動きに加え、ドイツの敗戦が目前という状況の中、敵対していたイギリス艦隊に一矢報いるために、全艦隊に出撃を命じました。これにキール軍港の水兵たちが反抗したことが全国に波及し、帝国が崩壊します。その結果、休戦して、ドイツ共和国が生まれ、ワイマール憲法が誕生するのです。
池上　一九一九年、ドイツ史上初の男女平等普通選挙も行われました。民主的な国家が誕生したんです。
増田　第一次世界大戦の戦後処理のために開催されたパリ講和会議でドイツは領土を奪われ、多大な賠償金を求められます。この賠償金を減額して返却期間の延長をまとめたのが、アメリカの銀行家であるドーズです。アメリカはドイツへ投資もして経済の立て直しを手伝います。

池上　その結果、つまりアメリカの援助のおかげで、ドイツは平和で豊かな時代を過ごすことになるんだよね。

増田　この時期は「黄金の二〇年代」と呼ばれ、ベルリンなどの大都市を中心に、映画や演劇などの大衆文化が開花し、芸術と技術の総合をめざす「バウハウス」（造形芸術学校）も誕生しました。

池上　そこに世界恐慌が起こったわけですね。

世界恐慌でドイツの失業率は三〇％近くに

増田　一九二九年にアメリカで起こった株価の大暴落に続く恐慌によって、ドイツへのアメリカからの投資はストップします。ドイツを代表する銀行も倒産し、金融恐慌が起こり、結果として一九三二年のドイツの失業率は三〇％近くとなり、失業者は五五〇万を超えます。

池上　第一次世界大戦で戦地とならず、経済が伸びていたアメリカでバブルが起こり、それが恐慌によってはじけてしまった。

増田　景気が悪化したアメリカから、ヨーロッパはじめ、各国へ投資していた資金が一斉に引き上げられます。その結果、アメリカに依存していた多くの国の経済も悪化します。

池上　各国ともに経済状況が悪化すると、自国の状況をよくしようと、囲い込みが起こりますよね。当時は、帝国主義の時代ですから、宗主国（支配する側の国）と植民地の関係がありました。第1章で触れたように自分たちで国内資源や植民地などの経済圏（ブロック）を持っている「持てる国」のアメリカ、イギリス、フランスなどと、それらを持っていない「持たざる国」とに分かれていきます。そうすると「持てる国」は自分たちの国や植民地の中だけ、つまり他の国との関係を遮断して、仲間うちだけで経済を回そうとします。学校ではこれを「ブロック経済」と呼ぶと習いましたよね。

増田　関税を上げて、輸入をしにくくして、自分たちのブロックの産業や経済を守ろうとしますから、どんどん世界の貿易が縮小していくことになります。

その結果、世界経済はますます悪化の道を辿ります。

池上　最近の自国第一主義の状況とも似ていますよね。

経済が悪化していく「持たざる国」のドイツ、イタリア、日本は資源などを求めて、近隣諸国へ侵略を始めます。こうして第二次世界大戦へと発展してしまうわけです。繰り返しますが、現代において、今後もコロナ禍で不況に襲われると、すぐに戦争へつながると言っているわけではありません。

フォルクスワーゲンはヒトラーの経済政策から生まれた

増田　世界恐慌後のドイツでは、選挙のたびに共産党が勢力を伸ばしていました。資本主義を変えてしまえという主張ですから、当時の困窮した状況で、そういった考え方に惹かれる人たちが少なくないのもわかります。

しかし、資本主義を支える資本家などは、そんな事態になってしまっては困ります。そんなときに、急激に勢力を伸ばし始めたのが、ナチ党であり、ヒトラーです。彼らは共産主義を嫌ったがために、ヒトラーを選んでしまったんですね。

池上　ヒトラーの経済政策は評価されている面もあります。経済状況が悪い中で、ドイツ版ニューディール政策のようにも言われていました。例えば、アウトバーン（自動車専用道路）を建設する公共事業を行ったことで、雇用を生み出し、失業率を下げ、誰もが国民車（フォルクスワーゲン）を買えるようにするといった政策は、景気の改善へとつながります。

増田　ラジオの普及をはかったり、娯楽施設や福祉施設を充実させ、休日を増やしたりしたことで、国民の幸福感を高める施策も進めていました。

池上　一方で優生思想に取り憑かれたヒトラーは、ユダヤ人をはじめ、障害者など、多くの人を強制収容して、虐殺します。ヒトラーの優生思想とは、自分たちゲルマン民族（アーリア人）こそが優れた民族であり、世界を制覇するためには、その純度を保たねばならない。つまり、それ以外の人たちを劣った存在として、差別し、殺していったのです。

増田　このヒトラーの考え方に取り憑かれた元職員による大量殺人が、二〇一六年の神奈川県「津久井やまゆり園」の事件です。知的障害のある入所者一九人が殺害され、職員を含む二六人が重軽傷を負うといういたましい事件でした。

池上　こうして世界恐慌前後の歴史を振り返るだけでも、今も広がる自国第一主義と経済のブロック化や関税の引き上げといった流れには気をつけなければいけないことがわかりますよね。

首都ベルリンの悲劇

増田　一九四五年四月三〇日、ヒトラーは自殺します。五月二日、首都ベルリンが陥落。ドイツは五月七日に無条件降伏をし、ヨーロッパにおける第二次世界大戦が終結します。

池上　その直前の四月二五日。東からはソ連軍、西からはイギリスとアメリカなどの連合軍がドイツへ侵攻して、エルベ川の沿岸で両軍が出会い、ここで不戦を誓い合う、「エルベの誓い」が行われたのです。結局、ドイツの東側はソ連軍、西側はアメリカ・イギリス・フランスの連合軍が占領して、それぞれの陣営に分かれた分断国家がドイツに生まれました。

増田 首都ベルリンは、東ドイツの中に位置していましたが、東西の陣営がそれぞれ分割占領しました。西ドイツにとっては、西ベルリンは東ドイツの中にある飛び地ということになったのですね。

池上 資本主義の西側、社会主義の東側陣営による東西冷戦が始まったのです。

増田 ソ連の影響を色濃く受けた東ドイツは、経済面でも生活面でも急速に自由が失われ、監視の目も厳しくなっていきました。そこで、東ドイツの人たちの中には、自由を求めて、東ドイツから西ベルリンへ逃げ込む人が出てきたのです。これを警戒した東ドイツが、そうはさせまいと西ベルリンをぐるっと囲む壁をつくりました。それが一九八九年に崩壊したベルリンの壁だったのです。

池上 ベルリンの旧東ドイツ国家保安省（シュタージ）博物館に行ったことはありますか？

増田 あります！　電話の盗聴は当たり前。妻が実はスパイで夫のことを秘密警察に密告していた！　なんていう話もあって、ゾッとしました。

冷戦中の東西ドイツ

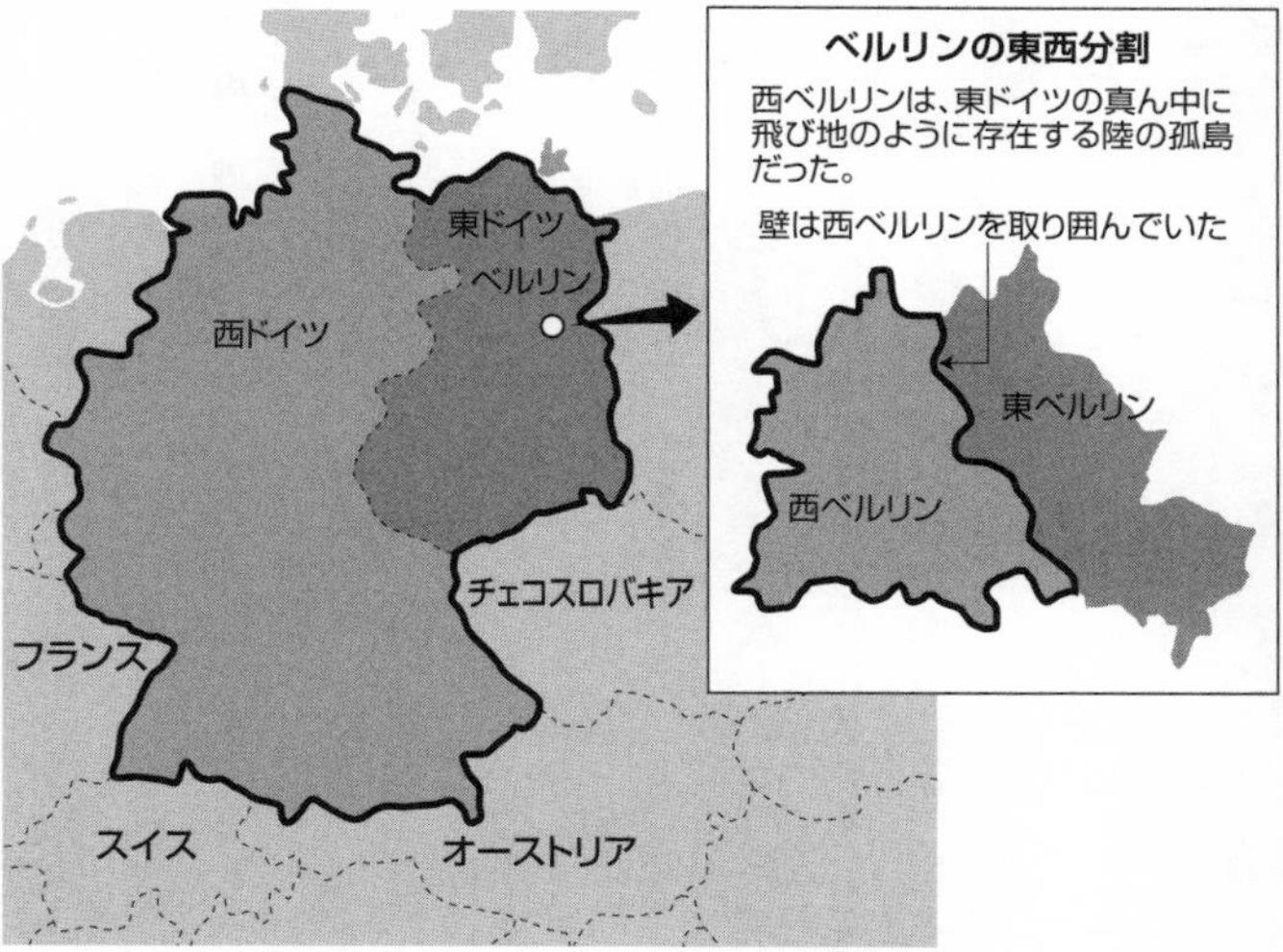
東ドイツ
ベルリン
西ドイツ
チェコスロバキア
フランス
スイス
オーストリア
ベルリンの東西分割
西ベルリンは、東ドイツの真ん中に飛び地のように存在する陸の孤島だった。
壁は西ベルリンを取り囲んでいた
東ベルリン
西ベルリン

池上　東西冷戦時代のソ連にはＫＧＢ（国家保安委員会）というスパイ組織があって、ソ連の影響下にあった東ドイツにもＫＧＢをモデルにした国家保安省が設立された。正規の職員以外に周囲の人物を密告する「非公式協力者」と呼ばれる民間人を多数抱えていました。職員と協力者を合わせると最盛期には一九〇万人もいたというんです。東ドイツの人口は一六〇〇万人だったから、人口の一割以上がスパイだった計算になる。驚くべき国家だったんだよね。

メルケルは西ドイツ生まれ、東ドイツ育ち

増田　メルケルさんは、生まれは西ドイツでしたが、キリスト教の牧師だった父親の赴任に伴って東ドイツで育ちました。ですから、そんな監視社会の東ドイツでの生活を経験しているわけです。だからこそ、民主主義の大切さ、自由や平等、人権の重要性を深く理解している。それが、現在の新型コロナウイルスの問題に直面したときに顔を出し、人々の不安な気持ちに寄り添った演説につながるんですよね。

池上　その通りだよね。世界恐慌と二つの大戦、東西冷戦を経て現在のコロナ不況へと歴史の流れはずっと続いているんです。

増田　一方で政策を見極める際に気をつけないといけないこともあります。近年、ドイツでも移民や難民を多く受け入れているため、排外主義的な主張をする人たちが一定数いて、以前に比べると勢力を増しています。

池上　ＡｆＤ（ドイツのための選択肢）がその代表的な政党だよね。増田さんはドイツでＡｆＤの取材もしていたよね。

増田　はい。メルケル首相が一〇〇万人を超える難民や移民を受け入れたことをきっかけに、存在感を示し始めました。難民受け入れの始まりは、二〇一五年夏頃。小さな船に何百人もの難民がひしめき合って乗っている地中海の様子をニュースで見たという方も多いのではないでしょうか。私も難民たちの玄関口となったドイツ南部のミュンヘン駅に取材に行きましたが、国境を越えて長距離列車で到着する難民たちを拍手で迎え、食料を手渡した後、簡単な健康チェックまでしてバスで一時滞在所まで運ぶという一連の流れが、実にスムーズに行われていて驚きました。

池上　野宿させるようなことなく、企業の倉庫や体育館などあらゆる施設を使って難民の人たちを迎え入れた。さすがはメルケルさん。対策にその指導力と敬虔《けいけん》なキリスト教徒という彼女のバックグランドによるものだと感心しました。

増田　ミュンヘン駅でインタビューをしたのですが、「私たちは一九四五年を忘れない」と、地元に住むドイツ人男性は言いました。ナチス・ドイツ時代の差別の歴史を決して忘れないというのですね。

　ところが、当たり前のことですが、難民の中には、好き勝手な行動や言動で、ドイツの人たちに不快な思いをさせるような人もいるんです。特に、難民の人たちは、シリアをはじめイスラム圏から来た人が多く、生活習慣も考え方も全く違う。

現状に不満な人たちを利用する懸念

池上　ヨーロッパはキリスト教圏だから、お互いに戸惑うことも多かったし、難民がテロを起こすこともあって、受け入れたメルケルさんに対する批判も強くなっていった。

増田　そんな中、ドイツ人やキリスト教を第一とし、難民の受け入れに反対して支持率を伸ばしていったのがAfDでした。二〇一七年の総選挙では、ドイツ連邦議会（国会）に九四議席を獲得。第三党にまで躍進したのです。

池上　その後も難民受け入れの問題で、メルケルさんの支持率は低下。与党キリスト教民主同盟（CDU）の党首を降りることにもなったよね。

増田　ところが、今回の新型コロナウイルスへの対応で、メルケル首相の支持率はV字回復しました。二〇二〇年三月末の世論調査では、七九％にまで上がりました。

池上　八割近い支持を得る。そこには政府に対する信頼がある。うらやましい話だ。しかし、五月に入ると、メルケル首相のやり方に反対する人たちのデモの様子も報道されるようになりましたよね。

増田　そうなんです。さまざまな活動に対する規制が厳しすぎる、こんなに自由がおびやかされている状態は民主主義ではない、と主張しているというんです。でも、ニュース映像を見ていたら、気になることがありました。木製の大きな十字架に白い布を巻いたものを高々と掲げている姿があったんですね。

池上　キリスト教を強調していたのかな。

増田　はい。そうだとすれば、ＡｆＤの人たちがデモを先導しているのかもしれない、と直感して、ドイツの知人に確認をとったら、間違いありませんでした。

池上　メルケル首相の勢いをけん制しようとしたんだね。

増田　新型コロナ対策を前に、ＡｆＤの支持率は下降線をたどり、存在感がなくなってしまったので、メルケル首相のやり方に反対する人たちを煽《あお》って、自分たちの側に引き寄せようとしたんですね。

池上　現状に対する不満を吸い上げ、自分たちの勢いを強めようとする。このやり方は、共産主義を嫌う資本家たちを味方につけ、ヒトラーを選んだ時代と重なります。一見、まったく違うことのようにも思えますが、気付かないうちに同じような失敗を繰り返してしまう危険もあるのです。

アメリカのトランプ大統領も二〇二〇年一一月は大統領選挙ですから、人命のことより、選挙対策を重視しています。たとえばウイスコンシン州は二〇一八年の中間選挙では共和党が民主党に負けているため、接戦が予想される選挙区です。ウイスコンシン州の知事は民主党の人で、新型コロナウイルス対策を厳重にしている。そのため、規制が強過ぎる、早く自由な活動、経済を復活させろと、知事のやり方に反対して、トランプ大統領自ら支持者を煽動しているんです。

自分の主張や都合のために状況を利用している。こんな危険な考えを持つ政治家が存在する。政策や発言の背後にどんな考えがあるか、見極めていく力が今後さらに必要になりますね。

第6章　コロナ時代の新しい生活様式を考える

「新しい生活様式」への違和感

池上　二〇二〇年五月末、二か月にわたる緊急事態宣言が解除され、日常生活が徐々に戻ってきました。まだまだ予断は許しませんが、気持ちとしてはちょっと小休止でしたね。

増田　何かを強制されるわけではなく、営業や外出の自粛など要請として出されたことを、多くの国民が守ったからこそ、医療崩壊の一歩手前で踏みとどまり、ギリギリのところで何とか乗り越えられたのではないでしょうか。もちろん、新型コロナウイルスで亡くなった方もいらっしゃいますから、無念な思いも一方にはありますが。

池上　見えないウイルスとの戦いは、今を生きる私たちにとっては、初めての試練だった。だから、失敗や後悔の念があって致し方のないことだと思うんですよ。だからこそ「温故知新」の精神が大事なのではないかな。過去のことから学んで、新しい明日に生かしていくことが。

増田　その通りですよね。ただ私自身の率直な思いを話すと、五月のはじめに新型コロナウイルスを想定した「新しい生活様式」の実践例がテレビのニュースなどで一斉に報道されたときに、鳥肌が立つほど不気味な思いでいっぱいになったんです。

池上　どのテレビ局のニュースも、確かに同じトーンでこの話題を放送していた。疑問などを呈することもなく紹介していたよね。

増田　そのことに強い違和感がありました。新型コロナウイルス感染症専門家会議からの提言を踏まえて、厚生労働省が公表したものです。内容の一つひとつは否定しようもなく、その通りだよね、そうだよね、気をつけて生活しようね、と同意できるんです。ただ、個人の生活に対して、わざわざ「新しい生活様式」と銘打って、例えば「料理に集中、おしゃべりは控えめに」とか「対面ではなく横並びで座ろう」とか、何でそこまでわざわざ「新しい生活様式」とネーミングして指図されなければならないのか、と思いました。テレビでも『新しい生活様式』に慣れていかなくてはいけませんね」「これからはオンラインでの名刺交換がニューノーマルになっていく」などと、国民全員がそれに従うのが当然というトーンです。

池上　つまり、政府の方針に国民は従うものだという「空気感」が嫌悪感となった、ということなのかな。

増田　その通りです。さらに言えば、どこが「新しい」のか、と突っ込みを入れたくなりました。

池上　キャッチフレーズをつけると、浸透しやすい、ということを狙ったんだろうね。

増田　これまでのやり方が古くて、これからは新しい生活様式でいきましょう、というのであれば、その「新しい生活様式」を未来永劫続けるつもりなのか、と問いたいです。

池上　その口調、かなり熱くなってるねー（苦笑）。

増田　いけませんか？（苦笑）このことに関して、言いたいことが二つあります。

一つは、強制力がないのはわかっていても、そのやり方に従わなかったら白い目で見られるような世の中の雰囲気につながるのではないかという恐れです。

池上　同調圧力そのものだよね。

増田　そうです。それが高じると「自粛警察」のような行動につながるのではないでしょうか。本人はよかれと思って、自分の中の「正義」に基づいてやっているのでしょうが。

池上　「自粛警察」は、日本人の真面目な国民性が裏目に出るという、典型的な例だよね。でも、みんなと同じ行動をとらない人を排除するような考え方には気をつけなければいけないと思うよ。少しでも自分と違う行動を取る人を白眼視することは、差別や排除につながる。まるで戦争中の「非国民」呼ばわりを思い起こす。

増田　こんなことを言っている私ですが、私自身も、今回の新型コロナウイルス騒動で反省すべき点がいくつもありました。その一つが、マスクに関することです。

池上　何？　マスクの買い占めでもしたの？

増田　違います！　マスクを手に入れたくても手に入れられない人の存在です。

それも、品薄で手に入らないのではなく、日々の生活も立ちいかないから、マスクを買えない。だから、していない。マスクをしたくてもできないんです。しかも、住所が定まっていないので「アベノマスク」も届かない人たちの存在に思いが至っていませんでした。

池上　社会的に弱い立場にいる人たちの存在に意識がいっていなかった、と言いたいんだよね。確かに、マスクは郵便局から各戸に配られたからね。その後、「アベノマスク」を必要としない人たちからマスクを寄付してもらって必要な人に届けようと「マスク回収ボックス」が設けられたり、一方で、そうした活動が目立ってくると、菅官房長官が「(配られたマスクは第二波に備えて)自宅で保有を」と発言したりで、どうも政策がちぐはぐというか、何というか。それにしても、一番必要としている人に必要なものが届かない政策じゃあ、お粗末だと思うよ。

増田　ピンチのときにしわ寄せがいくのは、社会的な弱者たちなんですよね。政府には、そこに目を向けて政策を立て、スピード感をもって対処していってほしいです。

池上　安倍首相はしきりに「スピード感をもって」と言っていたけど、「スピードは感じだけなの？」と突っ込みを入れたくなるほどの遅さだった。

すべての基準は「世帯主」？

増田　「アベノマスク」の話になったので、国から配られたものの話を続けてもいいですか？

池上　もしかして、一〇万円のこと？

増田　はい。この本の「はじめに」にもある、特別定額給付金の一〇万円ですが、使い方ではなく、配られる方法についてです。

池上　家族の人数分だけ配られるんだよね。だから、家族が多いほど金額が大きくなる。単身者だと一〇万円。一人一〇万円なんだから、当たり前だし不公平でもない。でも、とりあえず仕事もあって安定した三人家族のもとに届けられる三〇万円がある一方で、仕事を失い、家賃を払うのにも困っている単身者への一〇万円というのも、何だかしっくりこないというか、考えさせられてしまう部分があるよね。もちろん、困っている人には追加で補助金を支給していけばいいのだろうけれど。

増田　もちろん、それもそうなのですが、私が引っかかったのは、一人一〇万円が一括して世帯主に配られるということです。各人の口座ではなくて。

池上　そのことでケンカになった家族もあったようだよね(笑)。笑いごとじゃないんだけれど。

増田　行政の制度が、何でも世帯が単位ってあまりに古くないですか？　これも以前からずっとイヤだなと思っていたのが、国民健康保険に関してです。私はフリーランスなので国民健康保険に加入しているのですが、国民健康保険に関する書類や保険証は、世帯主の名義で送られてきます。たとえ世帯主が国民健康保険に加入していなくても。だから、内容的には私に送られてきている書類であっても、封筒の名義は世帯主。保険証にも世帯主の名前が書いてある。最初にそれを知ったときには、非常に違和感がありました。私が働いたお金で保険料を納めているのに。

池上　世帯主の私は、そこまで深く考えたことがなかった。これは反省。でも、今回の新型コロナ騒動があったからこそ、そうした問題への気付きがあったわけだよね。そして、補助金や給付金の振込をスムーズにするためにも、マイナンバーカードの普及をと、ここぞとばかりに政府が言い始めた。銀行口座との紐づけが前提としてあるから、これまでは抵抗感も強かったけれど、世界のスタンダードから言っても必要なことなんじゃないかとも思えるよね。まあ、今回もマイナンバーカードがあればオンライン申請ができるからと、カードをつくりにいった人たちで役所が三密状態になったり、オンライン申請のシステムがうまくいかなくて、結局郵送にしてくださいということになったりで。何だか失敗ばかりが目について、後ろ向きになっちゃうねえ(苦笑)。

増田　新しいシステムに移行するにしても、国に対する、政府に対する信頼がもてれば、そうしよう、という話になりますよね。

池上　その通り。それがないから、どうしても疑いの目で見てしまう。ピンチのときこそ、信頼が何より大事なんだよね。

今回、コロナ禍が広がった前と後で指導者の支持率がどうなったかを世界一〇か国について調べたアメリカのモーニング・コンサルトによると、オーストラリアやドイツ、カナダなど多くの国の首脳の支持率が上がっている中で、大きく支持率を下げたのは安倍首相で最下位。その上は特異な言動で批判を浴びているブラジルのボルソナロ大統領だというのだから、何をか言わんやだね。ちなみに下から三番目はアメリカのトランプ大統領。

直接会って話してこそ信頼は醸成される

増田 ……
池上 絶句してますね。
増田 信頼の話が出たので、「新しい生活様式」に対して私が言いたいことの二つ目にいってもいいですか？
池上 どうぞ、どうぞ。

増田　私がイヤだなと感じたのは、人と直接会ったり、触れ合ったりすることが否定されたような気分になったからなんです。

池上　ソーシャル・ディスタンスのことだよね。最近では、ソーシャルという と社会を分断するようなイメージなので、フィジカル・ディスタンス（身体的距離）とも言っているけれど、人との距離を保つことを確かに強調しているよね。これまた、そこまで考えなかったけれど、恋人同士がイチャイチャできなくなる、みたいなこと？

増田　そこにきましたか（笑）。はい、もちろんそれもあります。恋人じゃありませんが、私自身は今年に入ってから、一番の親友と一度しか直接会っていません。しかもその一度の機会は、恩師の葬儀でした。

池上　大切に思うからこそ、万が一、自分が感染させたらと思うと会えない、ということもあるよね。もし症状のなにもない自分が新型コロナウイルスに感染していて、祖父母に移したらと考えると、実家になかなか帰れないという若者も多くいたよね。

増田　そうなんです。感染症を防ぐために、人との接触をなるべく減らすことや、直接会わないようにすることは、今回の経験からいっても重要なポイントだと思います。

でも、それを「新しい生活様式」として定着させようとするのは、ズレがあるといいますか、違う気がしたんです。国から実践例として示されてしまったら、そこから少しでもはみ出すことがあってはいけないとか、絶対に守らなければならないとか、必要以上に過剰に反応して神経をすり減らし、かえって精神的によくないのではないいんじゃないかと思うんです。

池上　その通りでしょう。確かに、報道されるものを見ていると、政府の発表したものをそのまま紹介する形で伝えているだけのものが多かった気がするよね。

増田　私は取材を生業《なりわい》とする人間ですから、人と会って話をしなければ話にならないという信念があります。こんなことが起こる前にも、わざわざ海外に出かけていかなくたって、ネットがあるじゃないか、スカイプのような無料のテレビ電話で話せるじゃないか、としばしば言われてきました。

池上　それは違うよね。現場に行かなきゃ、人に会わなきゃ、わからないことがある。それこそが、ジャーナリストの仕事なんだと思うよ。もちろん、IT技術やネット社会が進歩したおかげで、テレワークができたし、今回のような危機を乗り切れた部分があるのは確かだけれど。

増田　そんなことを考えながら、家にこもり、下を向いて自粛生活をしていたら、私と同じように考えている人たちの記事やテレビ番組でのインタビューに出会いました。

一人は、京都大学総長でゴリラ研究者として名高い山極寿一《やまぎわじゅいち》さん。私と同じように「新しい生活様式」に関する違和感を語っていらしたのですが、NHKの番組で「信頼は、直接会ってこそのもの。長い時間をかけて信頼関係は醸成する」とおっしゃっていたんです。

池上　同じような発言を、名古屋市立東山動植物園企画官の上野吉一《うえのよしかず》さんもしていたね。「(新しい生活様式について) 科学・医学と経済のせめぎ合いの中で、主役のはずの人間一人ひとりの行動や心理という視点がないことに疑問を感じました」と（「朝日新聞」二〇二〇年六月五日、朝刊）。「手と手を伸ばして触れない距離を初デートで守ったら、二人の関係がよそよそしいまま終わってしまっても不思議はない」というたとえで説明してくれて、わかりやすいなって感心したよ。

増田　また、そんなところですか、と言いたいところですが（笑）、まさに、その通り。私も上野さんの話には、納得のいくことばかりでした。食事のことでいえば、今回の騒ぎが三月頃から大きくなって、できなくなった花見も、食事が栄養摂取だけでなく、コミュニケーションとしての意味が大きい、その典型だと。

池上　上野さんは、認知行動学と動物福祉の専門家だからね。今回のような危機に直面したときのリーダーに関しては、チンパンジーの観察例を引き合いに「身体が大きくて力が強いだけではリーダーになれない。群れのメスたちがこぞって加勢したオスが最後は勝ち残る。そこで支持されるのは……」

増田　「普段から弱い者の面倒見がいいサル」ですね！

池上　そう！　リーダーたるもの、どうあるべきか。やはり、自然界から学ぶことは大きいですよね。

増田　自然の摂理を忘れずに、自然への畏《おそ》れを忘れずに、歴史の教訓を活かしながら、前に進んでいきたいですね。

おわりに

新型コロナウイルスの影響で、世界恐慌以来の経済危機が訪れる。そんな話が出てくるようになってきた。コロナショックに追い打ちをかけるような不安が、これからまだまだやってくるのか。いったい何に救いを求め、生きるヒントにしたらいいのか。それにはやはり、歴史を振り返る必要があるのではないか。という思いから、前作同様に著者と編集者が一つのチームになって、情報を集め、智恵を出し合い、まとめていったのが本書である。

世界史・日本史両方の近現代史を、歴史が嫌いだったり、苦手だったりする人にも、何とか最後まで読んでもらえる内容にするにはどうしたらいいか、という点が、もしかしたら今回一番の悩みだったような気がする。それにどこまでこたえられているかは、この本を手にとってくださった読者の皆様に判断をゆだねたい。

執筆・編集作業をすすめていく中で、とても心うたれる新聞記事に出合った。地方版の記事だが、新型コロナウイルスの影響でソープランドの仕事を追われ、身元不明の遺体になろうとまで決意をした四〇代の女性の話だ。野宿を重ね、駅近くの広場でうずくまっているところに通りかかった三〇代の男性が、一度姿を消したあと、また戻ってきて、「頑張ってください」と彼女に声をかけ、一枚のマスクを手渡したという。透明な袋の中には現金三〇〇〇円が一緒に入っていた。これが、きっかけで、自暴自棄になっていた彼女は、人生をもう一度やり直そうと、その前日に声をかけてくれた支援団体に連絡をしたという(「朝日新聞」神奈川県版、二〇二〇年五月三〇日)。

弱い人の心に寄り添う、まさに今、必要なことを、ひっそりと実践している人がいる、できる人がいるんだ、ということに胸がいっぱいになった。誰もがそんな思いをもち、小さなことでもいい、自分にできることを実践していく。危機に直面したときに、最も大切なことなのではないかと改めて思う。

この本は、前作『感染症対人類の世界史』（ポプラ新書）同様、池上と増田が出演したテレビ番組や共に対談取材を受けたことなどがきっかけやヒントになっています。テレビ朝日系列「大下容子　ワイド！スクランブル」徹底解説コーナー担当の海野友理香さん、西村政志さん、竹田慎さん、蛭間鉄平さん。ポプラ新書担当の木村やえさん、笠原仁子さん、小山晃さん。皆さんと長らくチームを組んできたことで、今回も「生きる希望を歴史に見出す」ことに力を尽くすことができました。その願いを届けることができたら、私たちも明日を生きる希望がもてる。そう思っています。

二〇二〇年六月

池上　彰
増田ユリヤ

新型コロナウイルス感染症対策に関する
メルケル・ドイツ首相のテレビ演説

[2020/03/18]

1　新型コロナウイルスにより、この国の私たちの生活は今、急激な変化にさらされています。日常性、社会生活、他者との共存についての私たちの常識が、これまでにない形で試練を受けています。

2　何百万人もの方々が職場に行けず、お子さんたちは学校や保育園に通えず、劇場、映画館、店舗は閉まっています。なかでも最もつらいのはおそらく、これまで当たり前だった人と人の付き合いができなくなっていることでしょう。もちろん私たちの誰もが、このような状況では、今後どうなるのかと疑問や不安で頭がいっぱいになります。

3　本日は、現下の状況における首相としての、また政府全体としての基本的考えをお伝えするため、このように通常とは異なる形で皆さんにお話をすることになりました。開かれた民主主義のもとでは、政治において下される決定の透明性を確保し、説明を尽くすことが必要です。私たちの取り組みについて、できるだけ説得力ある形でその根拠を説明し、発信し、理解してもらえるようにするのです。

4　本当に全ての市民の皆さんが、ご自身の課題と捉えてくだされば、この課題は必ずや克服できると私は固く信じています。

5 ですから申し上げます。事態は深刻です。皆さんも深刻に捉えていただきたい。ドイツ統一、いや、第二次世界大戦以来、我が国における社会全体の結束した行動が、ここまで試された試練はありませんでした。

6 私からは、感染拡大の現状についてご説明するとともに、政府や国・地方自治体の機関が、共同体の全ての人を守り、経済・社会・文化の損失を抑え込むためにどのような取り組みを進めているかをお話しします。さらにそうした取り組みにおいて、なぜ皆さんが必要なのか、一人ひとりに何ができるのかについてもお伝えしたいと思います。

7 さて、感染拡大に関してですが、これについて私がお話しすることは全て、政府と、ロベルト・コッホ研究所の専門家、その他の研究者、ウイルス学者の人々との継続的な協議に基づいています。現在、世界中で急ピッチで研究が進められていますが、未だ、新型コロナウイルスの治療法もワクチンも開発されていません。

8 こうした状況において、あらゆる取り組みの唯一の指針となるのは、ウイルスの感染拡大速度を遅くする、数か月引き延ばす、そして時間を稼ぐということです。時間を稼ぎ、研究者に治療薬とワクチンを開発してもらうのです。同時に、発症した人ができるだけよい医療を受けられるようにするための時間稼ぎでもあります。

9 ドイツは、世界有数ともいえる優れた医療体制を誇っています。このことは安心材料ではあります。ただし、あまりに多数の重症患者が極めて短期間のうちに搬送されるようなことになれば、我が国の医療機関も対処できない状況に陥ってしまうでしょう。

10 これは、単なる抽象的な統計数値で済む話ではありません。ある人の父親であったり、祖父、母親、祖母、あるいはパートナーであったりする、実際の人間が関わってくる話なのです。そして私たちの社会は、一つひとつの命、一人ひとりの人間が重みを持つ共同体なのです。

11 この機会に何よりもまず、医師、看護師、あるいはその他の役割を担い、医療機関をはじめ我が国の医療体制で活動してくださっている皆さんに呼びかけたいと思います。皆さんは、この闘いの最前線に立ち、誰よりも先に患者さんと向き合い、感染がいかに重症化しうるかも目《ま》の当たりにされています。そして来る日も来る日もご自身の仕事を引き受け、人々のために働いておられます。皆さんが果たされる貢献はとてつもなく大きなものであり、その働きに心より御礼を申し上げます。

12 現在の喫緊《きっきん》の課題は、ドイツに広がるウイルスの感染速度を遅らせることです。そのためには、社会生活を極力縮小するという手段に賭けなければならない。これは非常に重要です。もちろん、国の機能は引き続き維持され、物資の供給体制は確保され、経済活動は可能な限りの継続を図っていきますので、あくまでも理性と慎重さに基づいて行っていきます。

13 しかし今は、人々を危険にさらしかねないこと、個々人あるいは共同体にダメージを与えかねないことをことごとく縮小していかねばならないのです。

14 人から人への感染リスクをできる限り抑えていかなければなりません。

15 日常生活における制約が、今すでにいかに厳しいものであるかは私も承知しています。イベント、見本市、コンサートがキャンセルされ、学校も、大学も、幼稚園も閉鎖され、遊び場で遊ぶこともできなくなりました。連邦と各州が合意した休業措置が、私たちの生活や民主主義に対する認識にとり、いかに重大な介入であるかを承知しています。これらは、ドイツ連邦共和国がかつて経験したことがないような制約です。

16 次の点はしかしぜひお伝えしたい。こうした制約は、渡航や移動の自由が苦難の末に勝ち取られた権利であるという経験をしてきた私のような人間にとり、絶対的な必要性がなければ正当化し得ないものなのです。民主主義においては、決して安易に決めてはならず、決めるのであればあくまでも一時的なものにとどめるべきです。しかし今は、命を救うためには避けられないことなのです。

17 こうしたことから、今週はじめより、いくつかの重要な近隣諸国との国境において、国境管理と入国制限措置が強化されています。

18 大企業・中小を問わず企業各社にとり、また小売店、飲食店、フリーランスの人たちにとり、状況はすでに非常に厳しくなっています。そしてこれからの数週間、状況は一層厳しくなるでしょう。政府は、経済的影響を緩和し、特に雇用を維持するため、あらゆる手段を尽くす考えであり、このことを私は皆さんにお約束します。

19 私たちには、この厳しい試練に直面する企業や労働者を支援するために必要なあらゆる策を講じる力があり、また意思があります。

20 また、食糧供給は常時確保されていますので、どうか安心していただきたい。たとえ商品の棚が一日空になることがあったとしても、商品は補充されます。スーパーに買物に行かれる方に申し上げたいのですが、ストックの買い置きが有意義であるのは、何も今に始まったことではありません。しかしそれは、節度を守ってこそ、です。商品が二度と手に入らないかのごとく買い占めに走るのは無意味であり、結局、他者への配慮に欠ける行為となります。

21 さてここで、感謝される機会が日頃あまりにも少ない方々にも、謝意を述べたいと思います。スーパーのレジ係や商品棚の補充担当として働く皆さんは、現下の状況において最も大変な仕事の一つを担っています。皆さんが、人々のために働いてくださり、社会生活の機能を維持してくださっていることに、感謝を申し上げます。

22 ここで、本日、私にとって最も重要な点についてお話しします。国がどのような対策を講じても、急速なウイルス感染拡大に対抗しうる最も有効な手段を用いないのであれば、それは徒労に終わってしまいます。最も有効な手段とは、私たち自身です。誰もが等しくウイルスに感染する可能性があるように、誰もが助け合わなければなりません。まずは、現在の状況を真剣に受け止めることから始めるのです。そしてパニックに陥らないこと、しかしまた自分一人がどう行動してもあまり関係ないだろう、などと一瞬たりとも考えないことです。関係のない人などいません。全員が当事者であり、私たち全員の努力が必要なのです。

23 感染症の拡大は、私たちがいかに脆弱《ぜいじゃく》な存在で、他者の配慮ある行動に依存しているかを見せつけています。しかしそれは、結束した対応をとれば、互いを守り、力を与え合うことができるということでもあります。

24 まさに、一人ひとりの取り組みにかかっているのです。私たちは、ウイルス感染拡大を無抵抗に受け入れる以外になすすべがないわけではありません。私たちには対抗する手段があります。それは、互いへの配慮から人との間に間隔を置くことです。ウイルス学者の助言ははっきりしています。握手はしない、手洗いを頻繁かつ徹底して行う、他の人との間隔を最低1.5メートルあける、そして今は、特にリスクの高い高齢者との接触を極力避ける。

25 これらを実際に実行するのが私たちにとっていかに大変なことか、私も承知しています。困難な時期であるからこそ、大切な人の側にいたいと願うものです。私たちにとって、相手を慈しむ行為は、身体的な距離の近さや触れ合いを伴うものです。しかし残念ながら現状では、その逆こそが正しい選択なのです。今は、距離を置くことが唯一、思いやりなのだということを、本当に全員が理解しなければなりません。

26 よかれと思って誰かを訪問したり、不要不急の旅行に出かけたりすることが、感染につながりかねない今、こうした行動は控えるべきです。専門家の方々が、今は祖父母と孫が会わないほうがよい、と助言しているのは、十分な根拠があるからこそなのです。

27 不要な接触を避けることは、感染者数の増加に日々直面している全ての医療機関関係者のサポートになります。そうすることで私たちは命を救っているのです。接触制限は多くの人にとって厳しいものであり、だからこそ、誰も孤立させないこと、励ましと希望を必要とする人のケアを行っていくことも重要になります。私たちは、家族や社会として、これまでとは違った形で互いを支え合う道を見つけていくことになるでしょう。

28 ウイルスが社会に与える影響に対し、さまざまな形で立ち向かおうとする創意工夫が見られます。おじいさん、おばあさんが寂しくならないよう、ポッドキャストを録音してあげるお孫さんなども一例でしょう。

29 私たちは皆、親愛や友情を表す手段を見出していかなければなりません。それはスカイプ、電話、メールであったり、あるいは郵便の配達は続いていますから手紙であったりするかもしれません。買物に行けない高齢の人を近所の人が支援する活動など、すばらしい取り組みの例を耳にしますし、きっと他にもいろいろできることはあるでしょう。私たちは、互いに置いてきぼりにしないという共同体の姿勢を見せていきます。

30 皆さんに呼びかけます。どうか、今後しばらくの間適用されるルールを守ってください。政府としては、再び戻せるところはないかを継続的に点検していきます。しかし、さらに必要な措置がないかについても検討を続けます。

31 事態は流動的であり、私たちは、いつでも発想を転換し、他の手段で対応ができるよう、常に学ぶ姿勢を維持していきます。新たな手段をとる場合には、その都度説明を行っていきます。

32 ですから皆さん、どうか噂話は信じないでください。様々な言語にも翻訳されている公式な発表だけを信じてください。

33 我が国は民主主義国家です。私たちの活力の源は強制ではなく、知識の共有と参加です。現在直面しているのは、まさに歴史的課題であり、結束してはじめて乗り越えていけるのです。

34 私たちはこの危機を克服していくと、私は全く疑っていません。ただ、犠牲者数はどれほど増えるでしょうか？　私たちは大切な人を何人、失うことになるでしょうか？　このことは相当程度、私たち自身の行動にかかっています。今こそ、固い決意のもと、皆でともに行動するときです。制約を受け入れ、互いに助けあうのです。

35 現状は深刻ですが、この先はいろいろな展開があり得ます。

36 ということは、一人ひとりがどれだけ自制してルールを守り、実行するかが、全てではないにせよ、今後の展開を決める一つの要素なのです。

37 かつて経験したことのない事態ではありますが、私たちは、思いやりと理性を持って行動し、命を救っていくことを示していかなければなりません。例外なく全ての人、私たち一人ひとりが試されているのです。

38 皆さんご自身と大切な人の健康に気をつけてください。ご静聴ありがとうございました。

（在日ドイツ連邦共和国大使館・総領事館ＨＰより）

参考文献

・明石和康『大統領でたどるアメリカの歴史』（岩波ジュニア新書）二〇一二年
・秋元英一『世界大恐慌　1929年に何がおこったか』（講談社学術文庫）二〇〇九年
・石田勇治編著『ドイツの歴史』（河出書房新社）二〇一七年
・井上泰浩『世界を変えたアメリカ大統領の演説』（講談社）二〇一七年
・上岡伸雄『名演説で学ぶアメリカの歴史』（研究社）二〇〇六年
・城山三郎『男子の本懐』（新潮文庫）一九八三年
・新川健三郎『ローズヴェルト　ニューディールと第二次世界大戦』（清水書院）二〇一八年
・高野てるみ『仕事と人生がもっと輝くココ・シャネルの言葉』（イースト・プレス）電子書籍版
・谷川徹三『宮沢賢治詩集』（岩波文庫）電子書籍版
・浜口雄幸『随感録』（講談社学術文庫）電子書籍版
・宮沢賢治『新編　銀河鉄道の夜』（新潮文庫）電子書籍版
・山崎博編（猪瀬直樹監修）『目撃者が語る昭和史第二巻　昭和恐慌』（新人物往来社）一九八九年
・ジョン・スタインベック（伏見威蕃訳）『怒りの葡萄』（上）（下）（新潮文庫）二〇一五年
・デヴィッド・スタックラー／サンジェイ・バス（橘明美・臼井美子訳）『経済政策で人は死ぬか？　公衆衛生学から見た不況対策』（草思社）二〇一四年

・オリバー・ストーン／ピーター・カズニック（夏目大訳）（ダイジェスト版）『オリバー・ストーンの「アメリカ史」講義』（早川書房）二〇一六年
・アンゲラ・メルケル著／フォルカー・レージング編（松永美穂訳）『わたしの信仰　キリスト者として行動する』（新教出版社）二〇一八年
・「週刊エコノミスト」（毎日新聞社）二〇二〇年五月二六日号
・「週刊　池上彰と学ぶ　日本の総理　第21号　高橋是清」（小学館）二〇一二年六月一九日
・「週刊　池上彰と学ぶ　日本の総理　第23号　若槻礼次郎・田中義一・浜口雄幸」（小学館）二〇一二年七月三日
・『グローバルワイド　最新世界史図表　初訂版』（第一学習社）
・木村靖二・佐藤次高・岸本美緒他『詳説世界史B』（山川出版社）
・全国歴史教育研究協議会編『世界史用語集』（山川出版社）
・近藤和彦・佐藤次高・岸本美緒他『現代の世界史A』（山川出版社）
・岡崎勝世・近藤一成・工藤元男他『明解　世界史A』（帝国書院）
・水村光男編著『新装版　世界史のための人名辞典』（山川出版社）
・笹山晴生・佐藤信・五味文彦・高埜利彦他『詳説　日本史B』（山川出版社）
・全国歴史教育研究協議会編『日本史用語集A・B共用』（山川出版社）
・安井俊夫他『ともに学ぶ人間の歴史』（学び舎）

本書は書き下ろしです。内容は、二〇二〇年六月現在のものです。

企画内容の一部は、テレビ朝日系列「大下容子ワイド！スクランブル」の池上彰と増田ユリヤ出演コーナーを参考にしました。

構成：小山晃
企画・編集協力：笠原仁子（創造社）
カバーデザイン：フロッグキングスタジオ
地図・図版作成：デザイン春秋会、岡崎加奈子
カバー写真：中西裕人
カバー画像：ロイター／アフロ

池上 彰《いけがみ・あきら》

1950 年、長野県生まれ。慶応義塾大学卒業後、NHKに記者として入局。事件、事故、災害、消費者問題、教育問題等を取材。2005 年に独立。名城大学教授、東京工業大学特命教授。海外を飛び回って取材・執筆を続けている。著書に『伝える力』（PHP ビジネス新書）、『おとなの教養――私たちはどこから来て、どこへ行くのか?』（NHK出版新書）など多数。増田ユリヤとの共著に『世界史で読み解く現代ニュース』シリーズ、『徹底解説！　アメリカ』、『なぜ、世界は〝右傾化〟するのか?』、『ニュースがわかる高校世界史』、『感染症対人類の世界史』（すべて、ポプラ新書）などがある。

増田ユリヤ《ますだ・ゆりや》

神奈川県生まれ。國學院大學卒業。27 年にわたり、高校で世界史・日本史・現代社会を教えながら、NHKラジオ・テレビのレポーターを務めた。日本テレビ「世界一受けたい授業」に歴史や地理の先生として出演のほか、現在コメンテーターとしてテレビ朝日系列「グッド！モーニング」などで活躍。日本と世界のさまざまな問題の現場を幅広く取材・執筆している。著書に『新しい「教育格差」』（講談社現代新書）、『教育立国フィンランド流　教師の育て方』（岩波書店）、『揺れる移民大国フランス』（ポプラ新書）など。池上彰とテレビ朝日系列「大下容子ワイド！スクランブル」のニュース解説コーナーを担当している。

池上彰と増田ユリヤの YouTube チャンネル
「池上彰と増田ユリヤの YouTube 学園」
https://www.youtube.com/channel/UC5X3kJorIx55tOJQ9283tkg/

ポプラ新書
198

コロナ時代の経済危機

世界恐慌、リーマン・ショック、歴史に学ぶ危機の乗り越え方

2020年7月6日 第1刷発行
2020年8月3日 第2刷

著者
池上 彰 + 増田ユリヤ

発行者
千葉 均

編集
木村やえ

発行所
株式会社 ポプラ社
〒102-8519 東京都千代田区麹町 4-2-6
電話 03-5877-8109(営業) 03-5877-8112(編集)
一般書事業局ホームページ www.webasta.jp

ブックデザイン
鈴木成一デザイン室

印刷・製本
図書印刷株式会社

N.D.C.209/222P/18cm ISBN978-4-591-16775-5

P8201198

生きるとは共に未来を語ること　共に希望を語ること

昭和二十二年、ポプラ社は、戦後の荒廃した東京の焼け跡を目のあたりにし、次の世代の日本を創るべき子どもたちが、ポプラ（白楊）の樹のように、まっすぐにすくすくと成長することを願って、児童図書専門出版社として創業いたしました。

創業以来、すでに六十六年の歳月が経ち、何人たりとも予測できない不透明な世界が出現してしまいました。

この未曾有の混迷と閉塞感におおいつくされた日本の現状を鑑みるにつけ、私どもは出版人としていかなる国家像、いかなる日本人像、そしてグローバル化しボーダレス化した世界的状況の裡で、いかなる人類像を創造しなければならないかという、大命題に応えるべく、強靭な志をもち、共に未来を語り共に希望を語りあえる状況を創ることこそ、私どもに課せられた最大の使命だと考えます。

ポプラ社は創業の原点にもどり、人々がすこやかにすくすくと、生きる喜びを感じられる世界を実現させることに希いと祈りをこめて、ここにポプラ新書を創刊するものです。

未来への挑戦！

平成二十五年　九月吉日　　株式会社ポプラ社